石河子大学哲学社会科学优秀学术著作出版基金资助、石河子大
商管理学科资助、石河子大学"十三五"经济与管理学院创新区
学农业现代化研究中心资助

经济管理学术文库·经济类

基于农业多功能理论框架下的兵团现代农业发展方式转变研究

Research on the Transformation in Development Mode of XPCC Modern Agriculture Based on the Theoretical Framework of Agricultural Multi-Functionality

张红丽 马卫刚 张朝辉／著

经济管理出版社

ECONOMY & MANAGEMENT PUBLISHING HOUSE

图书在版编目（CIP）数据

基于农业多功能理论框架下的兵团现代农业发展方式转变研究/张红丽，马卫刚，张朝辉等著．—北京：经济管理出版社，2019.9
ISBN 978-7-5096-6464-3

Ⅰ.①基…　Ⅱ.①张…②马…③张…　Ⅲ.①兵团农业—农业现代化—研究　Ⅳ.①F324.1

中国版本图书馆 CIP 数据核字（2019）第 054380 号

组稿编辑：曹　靖
责任编辑：杨国强　张瑞军
责任印制：黄章平
责任校对：王淑卿

出版发行：经济管理出版社
　　　　　（北京市海淀区北蜂窝 8 号中雅大厦 A 座 11 层　100038）
网　　　址：www.E-mp.com.cn
电　　　话：（010）51915602
印　　　刷：北京虎彩文化传播有限公司
经　　　销：新华书店
开　　　本：720mm×1000mm/16
印　　　张：11.75
字　　　数：211 千字
版　　　次：2019 年 9 月第 1 版　　2019 年 9 月第 1 次印刷
书　　　号：ISBN 978-7-5096-6464-3
定　　　价：68.00 元

前　言

　　现代农业是用现代工业、现代科学技术和现代经营管理等技术改造传统农业，从而将传统农业升级改造成现代农业的过程，主要表现在农业科学适用化、农业生产专业化、生产过程机械化、劳动力高素质化、农业经营规模化、农业服务社会化和农业发展可持续化等方面。党的十八大报告提出"坚持走中国特色新型工业化、信息化、城镇化、农业现代化道路""促进工业化、信息化、城镇化、农业现代化同步发展"。到 2020 年，实现城乡居民人均收入比 2010 年翻一番，因此，加快现代农业的发展，对于增强农业综合生产能力，确保国家粮食安全和重要农产品有效供给与促进农民增收、保持农民收入持续较快增长具有重要的意义。现阶段，我国正处在全面建成小康社会、加快推进现代化的关键时期，着力强化政策、科技、设施装备、人才和体制支撑，不断提高土地产出率、资源利用率、劳动生产率、科技贡献率，稳步提高农业综合生产能力；围绕实现城乡居民人均收入倍增目标，广泛开辟农民就业增收渠道，加快构建农民收入稳定增长的长效机制，逐步缩小城乡居民收入差距。加快发展现代农业、推进农业现代化建设，打赢脱贫攻坚战是现实与历史的重大任务。

　　新疆生产建设兵团（以下简称"兵团"）的现代农业发展水平较高，对全国具有重要影响，在新疆乃至全国都发挥着不容忽视的引领与示范作用。同时，兵团现代农业的发展关系着我国西北地区的农业安全问题、生态安全问题和政治安全问题，是我国重要的农业生产基地，也是国家西北干旱地区重要的生态屏障。作为我国最西部地区的特殊组织，兵团在发展绿色现代农业方面走出了一条新的农业发展道路，是新阶段屯垦戍边、边疆经济社会发展的重要表现。兵团要实现农业现代化，就必须把现代集约化农业和高度商品化农业统一起来，通过农业实用生产技术、现代农业高新技术和现代农机装备技术结合，牢固树立并贯彻落实农业发展中的创新、协调、绿色、开放、共享五大发展理念。

　　自"十二五"以来，兵团加快推进现代农业建设，农业现代化水平提高显著，社会化服务体系及市场体系逐步完善，经营管理水平显著提高。但兵团现代农业发展中依旧存在诸多问题，如农业生产方式粗放、农业经济结构不完整、新型经营主体培育不足、产业化经营亟须协调完善、农业合作社亟须规整、农业公司亟须改组等问题也严重制约着现代农业的经营。本书考虑农业多功能特征，采取主成分分析法对团场现代农业发展的基础、条件等进行综合评估，并对团场现代农业所肩负的经济发展和社会和谐职能能力水平、重要程度进行分类；将团场分为经济发展型团场、维稳戍边型团场和生态型团场。经济发展型团场现代农业发展以提高农业发展质量为己任，通过提高现代农业发展质量，壮大团场综合实力；维稳戍边型团场现代农业发展以巩固维稳戍边基础为己任，通过发展现代农业，奠定较好的物质和人力基础，维护区域稳定和谐；生态型团场现代农业发展主要任务为改善团场生态条件，提高团场生态文明。

通过分析三种类型团场的发展现状和存在问题，核心团场提出农业发展方式转变路径研究——精准农业：从核心团场实行"团（场）镇（区）合一"管理体制改革，到农业公司经营模式改革，开展符合农业经营主体特点的金融创新，加大农业科技推广，积极推进农产品物流及农业"互联网＋"体系建设，发展现代精准农业，提升团场现代农业创新能力和现代农业发展示范区作用，帮扶周边贫困地方农村发展等方面提出核心团场的发展方式。提出沙漠边缘"生态型"团场农业发展方式转变路径：发展农林、农草复合的生态农业，延长使用权，鼓励多种形式经营主体参与农业发展，技术支撑，加大财政支持力度，完善政策体系等方面。兵团边境团场外向型农业发展路径：体现"维稳戍边"功能，强化团场管理制度"统"的方面，团场经营方式为以连队为经营单位的"一连一品"经营模式，农业生产方式由规模化大宗产品转向个性化、定制化的设施农业发展，提高对外开放水平，变地缘优势为经济优势。根据不同类型团场的发展路径，提出兵团现代农业经营方式转变的保障措施。

目　录

第一章 导 论

第一节 研究背景

    农业是支撑国民经济建设与发展的基础，同时农业自身结构及其对国民经济的影响会随着社会经济的发展不断发生变化。一般来讲，在经济发展初期，农业在国民经济中会占有较大的比重，随着社会经济的发展、工业化进程的不断推进，农业部门劳动和物质投入的边际效益递减，农业占整体经济的份额会呈现明显的下降趋势。与此同时，非农部门表现出较强的规模经济特征，这势必会引起劳动力、资本等由农业部门向非农部门的转移。然而，解决农业农村的发展问题是一个国民经济在快速增长过程中不得不面临的重大问题。从经济贡献角度看，农业占生产总值的比重持续下降，国民经济重心倾向非农部门，市场经济环境下的农业发展面临着严峻的挑战。新疆生产建设兵团（以下简称"兵团"）工业发展相对落后，农业生产环境脆弱，农业生产比较优势低下，农业难以跳出"投入小—发展缓—贫困增—投入更小"的恶性循环。随之而来的还有一些新问题：农业生产资料价格攀升，农产品增产不增收，引致农业投入不足；农业比较优势微弱，自身发展能力不强，缺乏投资引力，农业生产力下降，导致农产品由结构性剩余变为供给波动不稳；农业劳动力流失造成后备劳动力资源匮乏；农民贫困问题日益凸显。

    自党的十八大提出"五位一体"的总的建设方针政策以来，农业有关方面的研究与实践应运而生，对于农业多功能性的认识和更新也有了进一步的总结和发展进程，兵团农业的发展自然离不开农业多功能性的引导和支持，基于此方面的思考与分析，本着"五位一体"的理念，结合农业多功能性在兵团农业各类型团场发挥的情况进行深入了解与调查，寻求出农业多功能性在兵团农业生产发展中的分类实现情况及可能存在的制约因素，以期为兵团农业多功能性的全面发挥找出问题的关键所在，并且分类进行原因的归纳与总结，最终使得农业多功能性在兵团农业的发展中发挥出尽可能大且全面的作用。

与传统的农业发展相比，农业多功能性在现代农业中的充分发挥，可以激发出更加全面的、可持续的、内发性的推动"三农"发展的效能。就推动农业经济发展而言，农业多功能性的实现从改善农业生产条件、提高农业生产效率、提高农产品商品率、转变农业经营形式、走可持续发展道路等方面，推动着农业经济发展。就推动职工和兵团农业以及兵团社会发展来说，农业多功能性的实现从促使职工现代化、充分利用团场非物质文化资源、团场社区公共事业发展等维度，推动农职工和兵团社会发展，是兵团发展的可靠动力。因此，对于兵团以及兵团农业来说，农业多功能性的发挥必然能顺应"五位一体"的方针政策，并奠定了农业完善发展的理论基础。

现阶段，兵团团场面临的现状：自然生态环境持续恶化，174 个团场中有近一半（88 个）的团场分布在塔里木盆地塔克拉玛干沙漠和准噶尔盆地古尔班通古特沙漠边缘或近边缘；33%（58 个）团场分布在祖国最西北的边境线上，其余所剩不多的团场也多分布在戈壁和盐碱滩中。这些地区大体的自然环境状况是：风沙频繁，干旱缺雨，霜冻、冰雹、干热风等现象严重，大面积的水土流失和土地荒漠化、盐碱化问题也比较突出。农业是兵团经济的重要发展基础，也是兵团的传统优势和特色产业。团场农业发展及整体建设要充分释放农业的多重功能性，因此，兵团农业的可持续发展对生态环境的改善是具有极强的依赖性的。同时，兵团除肩负自身发展的重任之外，还担负着国家生态安全的长久责任和维稳戍边的重任，这些都需要农业发展的支撑与保护。在农业现代化及团场城镇化发展的同时，农业在促进团场发展的进程中一直起着不可忽视的作用。从团场职工的收入构成总结来看，农业经营性收入依然占到 70% 以上，也就说明，实际上团场的农业现代化及城镇化发展仍然是以农业为主的经营模式。而且不同区域农业发展的差异比较大，要实现的某种农业多功能性也有不同，因此分类分析其制约因素，转变其发展方式，以更加科学的分类经营与区别，具有重要的战略意义。

第二节 研究目的与研究意义

一、研究目的

到目前为止，国内在区域农业功能协调性方面的研究还很少，还没有学术界普遍认可的指标体系。笔者试图在充分了解前人研究的前提下，采用主成分分析和协调度评价模型，对兵团的不同类型团场进行划分，对农业的多功能性协调发展状况进行研究，并作出相对应的政策建议，研究目的概括如下：

一是从功能协调性的角度梳理区域农业发展的现状，明确存在的问题，初步形成一套有关区域农业功能协调性的评价指标体系，为区域农业的研究拓展思路、添砖加瓦。

二是基于农业多功能理论与兵团团场农业"生态、经济、社会、文化、维稳"的多功能需求，对不同类型的团场寻求并设计不同的发展路径，促进兵团现代农业发展方式转型升级与区域协调。

二、研究意义

本书基于农业多功能理论以兵团现代农业发展方式为研究点，不仅从理论上分析了兵团现代农业功能拓展的必要与必需，并且通过客观现实调研说明了兵团现代农业多功能性——"五位一体"多功能农业的需要。并且对不同类型的团场进行划分，深入分析兵团不同类型团场发展多功能农业的具体实施路径。

（一）理论意义

（1）以系统观点丰富现代农业的内涵，扩充了现代农业产业体系理论。现代农业发展不仅仅表现在农业生产方式和类型上的多样化，其成果也不仅仅表现在直接的、物质产品的生产和供应上，现代农业产业体系是以多种生产方式和生产类型为载体的，表现为农业的多种功能为区域乃至全社会作出多方面的贡献。① 现代农业产业涵盖了农业旅游休闲产业、农业生态产业、特色农业产业、

---

① 朱俊林. 基于空间统计的湖北省农业功能分析与分区研究 [D]. 华中农业大学博士学位论文，2011.

生物质产业以及农业文化产业等新的产业形态，这为构建现代大农业产业体系提供了强大的理论支撑。

（2）本书依据农业多功能理论、第二次现代化理论（何传启，1999）和生态现代化理论（Huber，1985），对兵团绿洲现代农业发展现状、社会经济发展水平、生态环境保护现状、文化传承功能与维稳成边功能的发挥现状等进行梳理和分析，对兵团绿洲现代农业发展方式进行改进和优化。用系统化的视野拓宽绿洲农业现代化研究，打破以往将研究集中于某一领域或某些方面的惯性思维，充实生态学与经济学等交叉学科的研究内容，为农业领域的生态现代化专题研究提供有效参考。

（二）现实意义

作为我国西部边陲的一个特殊组织，兵团的发展关系到我国西北地区的安全，同时也对我国的稳定和发展有着巨大影响。而兵团社会经济的发展、屯垦成边职能的发挥都离不开现代农业的发展。兵团现代农业的发展事关我国农业安全问题、政治安全问题、经济安全问题和生态安全问题。

（1）本书有利于规范现代农业发展的空间秩序，为实现兵团协调稳定发展寻求路径。得益于"新丝绸之路"经济带建设，兵团社会经济发展速度将逐渐加快，资源环境承载逐渐增强，农业将是其区域发展的重要依托。本书深入分析农业各基本功能的空间分异及其组合特征，并从区域统筹和城乡统筹的思路出发，科学地划分农业主导功能区，明确各区域农业的主导功能及其他次要功能的组合特点，有利于规范农业开发的空间秩序，推动农业区域协调和持续发展。

（2）现代农业发展过程中兵团农业经营主体、体制和模式带来的制约因素是农业多功能性充分发挥不可忽视的事实，因此通过归纳分类，切实了解兵团各类型团场间的农业多功能性实现情况的显示差异，更加科学合理地认知和剖析兵团农业"五位一体"多功能性的情况，达到本书的启示和目的，也在未来成为西部地区先进农业生产力的代表、生态保障者以及为新疆的农业甚至社会稳定做出极大贡献。

（3）因地制宜地确定不同区域的不同功能的重要性，在社会、文化基本功能上有所偏重。如边境团场以"政治田"的屯垦成边功能为主的农业发展模式，位于沙漠边缘团场以追求生态功能为主的农业发展模式，核心团场以发展经济为主的农业发展模式。更好地认清兵团各类型团场农业多功能性实现的利害现状，才能发现和认识问题，从而提出有助于改善和提升兵团农业多功能性全面实现的建议对策。

第三节　国内外相关研究综述

一、国外研究综述

农业发展方式的转变是基于农业产业内部原形态增长力的不断累积而发生的上层建筑质的变化，是单层面量的积累到复合层面质的提升，最终表现在农业发展的形态上。因而，从时间序列上看，正是不同农业发展阶段之间农业增长方式的延伸最终导致了农业发展方式的转变。纵观经济学发展史，两个历史时间段的理论研究对转变农业发展方式的理论体系产生了决定性的作用，分别是工业革命发生后的18世纪中后期和"二战"后的20世纪五六十年代，本书将其称为第一理论发展期和第二理论发展期。

（一）古典经济学关于农业发展方式的研究

18世纪50~70年代的法国重农学派，是农业发展方式研究的先驱，他们强调推崇自然秩序，认为农业既是财富的唯一来源，也是社会一切收入的基础。弗朗斯瓦·魁奈（1694~1774）是法国重农学派的创始人，他在18世纪中期写作的《谷物论》《经济管理的原则》《租地农场主论》《经济表》等一系列著作中阐述了法国应该振兴衰退的农业，转变现有小农生产的经营方式，进行大农经营的核心思想，他认为土地是财富的唯一源泉，只有农业才能够增加财富，他把国民划分为三个阶级，即耕种土地能生产出"纯产品"的生产阶级、以地租作为自己收入的土地所有者阶级和从事工商业的不生产阶级。他把当时法国的农业经营方式概括为以自耕农式和租佃式为主的小农经营方式和以资本主义租地经营的大农经营方式，他认为只有大农耕作才会快速增加国家的财富，对国家产生积极的影响。杜尔哥（1721~1781）是重农学派另一位重要的代表人物，他发展、修正了魁奈及其门徒的论点，他在《关于财富的形成和分配的考察》（1776）中集中研究了财富的形成和收入的分配问题，在魁奈划分阶级和农业经营方式及纯产品学说的基础上进一步深化，从而进一步提升了农业在国民经济发展中的地位，主张平等课税，其理论很大程度上对后人研究国民经济结构优化和保护弱质产业产生了启发。

由于18、19世纪是资本主义工业化飞速发展的特定历史时期，在以工业为主导的经济增长理论研究中，农业问题处于次要地位，往往成为与先进工业发展作比较的落后对象，古典经济学的创始人亚当·斯密（1723～1790）在《国富论》（1776）一书中，把经济研究从流通领域转到了生产领域，批判了重商主义把对外贸易作为财富源泉的错误认识，他在一定程度上认同重农学派所推崇的小农生产效率下的观点，但否定了重农学派对于土地的重视，提出了分工理论，认为劳动分工、个体专业化将促进劳动生产率的提高，进而再生产规模扩大，个人财富增加，社会逐渐繁荣，并最终达成私利与公益的共赢。斯密站在分工的角度评价了当时农业的发展，认为农业内部缺少迂回度，不利于农业生产技术因专业化而大幅度发展，因而农业规模化发展也受到了限制，最终造成了先进的工业部门将逐步替代落后农业在国民经济中所占的份额。作为古典经济学的继承者和完善者，托马斯·罗伯特·马尔萨斯（1766～1834）和大卫·李嘉图（1772～1823）没有改变斯密的基本纲要，马尔萨斯在《人口原理》（1798）中预言经济增长的成果，会被由经济增长而多出生的、不受约束的人口所吞噬，人们的生活水平将永远在生存线附近徘徊，而李嘉图则在《政治经济学及赋税原理》（1817）中提出了工资铁律，认为人口过剩将导致工资连勉强糊口的层次都无法达成。两人对经济增长的悲观情绪对后世经济学产生了重要影响，却不约而同地忽视了转变农业发展方式对经济增长和结构调整的重要作用。

作为古典经济学的怀疑者和批判者，德国历史学派代表人物乔治·弗里德里希·李斯特（1789～1846）站在发展的角度研究了农业演变过程，其著作《政治经济学的国民体系》是历史学派的第一部理论专著，李斯特关于农业发展的研究大致可以概括为三个方面：①对农业发展阶段的划分，李斯特较早地对国民经济内部的增长源泉有了基本判断，认为生产力是财富产生的源泉，当一国没有生产力时，财富便是国家的存量，呈递减趋势，当一国生产力的基础稳固时，财富不仅是国家的存量而且是国家的增量，不断递增，而农业、工业和商业三者就是物质生产力的基础，其中工业尤为重要。基于其生产力理论和自身所处时代的发展特征，李斯特将成熟工业经济前的社会形态分为原始蛮荒阶段、畜牧发展阶段、农业发展阶段、农工业混合发展阶段和农工商均衡发展阶段五个阶段。②不同的发展阶段应该有不同的产业政策，李斯特认为德国应该采取贸易保护政策对当时刚刚发展的德国工业进行保护扶持，其根据是19世纪初期的英国在世界范围内率先完成工业革命，进入农工商均衡发展阶段的社会先进形态，发达的工业创造出巨大的生产力，加之英国奉行的自由贸易政策，会对周边尚处于农工业混合发展阶段的德国、法国、美国的工业造成冲击，摧毁第四形态国家工业发展的基础。③非农产业的进步是农业发展的助推器，他认为一国的工业发展水平代表着生产工具的先进性，而生产工具的革新会有效增加农业的生产效率，另外，服务业发展的基础也源于农业所提供的食物和生产原料，服务业的繁荣会倒逼农业创新技术，增加产出。

（二）发展经济学关于转变农业发展方式的研究

如何处理农业发展与工业化的关系一直是困扰农业发展方式转变的重大课题，发展经济学奠基人、我国经济学家张培刚在《农业与工业化》（1947）一书中对这个问题进行了阐释，他一方面阐述了全面工业化对发展中国家经济发展的重要性，另一方面强调了发展中国家处理好农工业协调发展、农业国与工业国之间关系的重要性。

发展经济学的另一位重要代表人物，美国经济学家威廉·阿瑟·刘易斯（1915～1991）也对工业化背景下农业发展的方式与方向进行了阐释，其核心思想是经济发展主要是由工业带动的，农业主要为工业输送劳动力等生产要素，因而主张优先发展以现代工业为代表的资本主义部门。他在20世纪50年代提出了二元经济模型，提出农业剩余很大程度上决定了工业部门的扩展和劳动力从农村向城市的转移。在两种不同经济中，就业的相对人口的比例取决于高工资经济中能够提供就业机会的资本数量，也取决于高工资经济中的工资水平。[①] 城市化过程中，剩余劳动力由边际生产力低的农村区域转移至边际生产力高的城市，人力资源在城乡间重新配置，这是实现经济发展的根本途径。刘易斯在《无限劳动供给下的经济发展》（1954）一书中描述了后起国家存在的二元经济特征，在一定的条件下，传统农业部门的边际生产率为零或成负数，而城市工业部门边际生产率较之稍高，引起劳动力从农业部门流向工业部门。随着资本家投资的增多，工业部门从农业部门吸收越来越多的劳动力，直至农村剩余劳动力消失，农业边际生产率与工业达成一致，至此二元经济结构不复存在。

刘易斯二元经济结构理论对发展中国家的经济增长产生了深远的影响，但其对二元经济结构中农业部门意义的否定，成为他理论体系中最明显的缺陷，后续的发展经济学家从农业地位、农业发展方向、城乡就业、农业与工业化的关系等方面对这个缺陷进行了完善和拓展。

美国学者费景汉和古斯塔夫·拉尼斯（1951）两人在刘易斯模式的基础上又做了进一步的分析和推演，针对二元经济结构模型的缺陷提出了转变农业发展方

---

① 阿瑟·刘易斯. 二元经济论［M］. 北京：北京经济学院出版社，1989.

式的意义、方式和路径。他们提出，农业由于生产率提高而出现剩余产品是农业劳动力向工业流动的一个先决条件，从而发展了刘易斯模式。

发展经济学诞生初期，围绕着三个基本问题，分别是强调资本积累的重要性、计划的重要性和工业化的重要性，认为围绕这三个基本问题所建立起的理论体系具有普遍的适用价值，而在 20 世纪 60 年代中后期以后，发展经济学的研究内容更加具体，讨论发展所涉及的要素也更为全面，这些都为农业发展的趋势增添了更为丰富的思路。

美国经济学家西奥多·威廉·舒尔茨（1902～1988）强调了传统农业改造对经济发展的重要意义，他的研究对农民理性进行了重新认识，扭转了发展经济学长期以来对农业和农民的忽视，使发展国家开始重新审视经济结构和农业发展。舒尔茨不仅在研究美国农业政策方面成果丰硕，而且广泛关注发展中国家的农业发展模式及相关政策，他的著作《改造传统农业》（1964）为现代农业经济学发展奠定了坚实的基础，也是目前为止对农业发展方式研究最为重要的理论著作之一。其贡献可以概括为以下几点：

（1）开创了跳出农业范围研究农业问题的先河，摒弃了以往将农业问题局限于第一产业内研究的传统研究方式，使得农业经济学成为一个完善的理论体系进入到现代经济的研究体系之中。

（2）强调农业是所有产业中最为重要的生产部门，建议建立大农业的管理体系，通过对"二战"后的美国农业政策和世界主要经济体农业政策的对比分析，舒尔茨得出结论，凡是推行"重工轻农"的国家更容易陷入发展困境，而给予农业足够重视的国家往往会取得较大的发展成绩，这套理论深刻影响了美国的政治体系，美国农业部成为了美国第二大政府部门，对世界农业和经济发展格局产生了深刻影响。

（3）论证了现代农业可以成为经济发展的源泉，舒尔茨在《改造传统农业》一书中，首先，总结了传统农业的基本特征，认为传统农业就是完全以农民时代使用的各种生产要素为基础的农业，农业主体缺乏科学知识和专业技术，未投入利用现代工业生产的工具，也为使用生物科学、化学物理科学进行农业生产。其次，他提出了传统农业不能成为经济增长的源泉，原因在于尽管农户是理性的，配置生产要素的效率也是可观的，但由于传统生产要素长期不变，产生了收益递减，再加上处于不完全竞争市场下，存在极大的信息不对称和制度文化约束，农民基于对风险的防范，往往放弃利润最大化目标来规避风险，而这种市场行为的普遍存在注定了传统农业的没落。最后，舒尔茨就如何改造传统农业，使现代农业成为经济发展的源泉，提出了三个重要观点：①制度的变革，建立一套适合于改造传统农业的制度，以市场为核心，通过农产品价格的上升和生产要素价格的下降，来刺激农户增加农业投入的积极性，建议减少大规模农场的数量，大力发展所有权和经营权统一的、能够适应市场变化的家庭农场来改造传统农业；②现代生产要素的引入，新要素能否进入传统农业，并实现其技术功能，一方面取决于供给方面的价格和质量，另一方面取决于农民购买的成本和获得的收益，只有从供给和需求两个方面入手，新的生产要素才可以实现对旧有生产要素的替代；③对农民进行人力资本投资，舒尔茨认为教育是重要的人力资本投资，人们产生收入差距的根源在于教育和身体健康程度，只有对农民加强基础教育和技能教育，才能大幅度地提高农民运用现代生产要素的能力，使传统农业从根本上产生改变。

美国经济学家约翰·梅勒将农业发展阶段的理论进一步延伸，勾勒了农业发展的一般道路，他提出的"梅勒农业发展阶段论"（1966）把传统农业向现代农业的转变过程分为技术停滞、低资本技术动态和高资本技术动态三个阶段。技术停滞阶段又被称作传统农业阶段，该阶段的农业生产率主要取决于农业传统要素的供给增加。低资本技术动态农业是传统农业向现代农业转变的阶段，在这一阶段，农业仍然是社会的主导产业部门，社会发展对农产品的需求迅速增长，资本比劳动稀缺。因此，这时的农业是以提高土地生产率为主的农业。高资本技术动态农业也就是现代农业阶段，这时的农业在整个国民经济中的比重迅速下降，资本充裕、劳动稀缺等，使得农业中以提高劳动生产率为主的资本替代劳动成为可能。

美国经济学家迈克尔·托达罗（1969）从城乡就业问题的角度探讨了农业发展方式的转变。他将发展中国家城乡普遍存在失业的社会现实作为研究前提，认为过去的经济理论没有考虑到那些缺乏技术的农村移民是否能够真正在高报酬的城市工业部门中得到就业机会，因此将农村劳动力向生产力较高的工业部门的转移视为一步到位的过程的观点是不切实际的，于是他在分析了农业劳动力向城市转移的微观机理后，提出了城乡人口流动模型，并指出城乡预期收入差异与城市就业概率的大小是影响农民是否转移的关键因素。在政策方面，他提出了与刘易斯相反的政策建议，即应当重视农村与农业的发展，消除城乡经济社会的不平等，扩大农村中的就业机会，先让农村剩余劳动力先在农村就业而非一步到位地涌入城市。此外，佩鲁、纳克斯、赫希曼、罗斯托、罗森斯坦·罗丹、斯特里顿、缪尔达尔等发展经济学代表人物的理论也在一定程度上拓展了转变农业发展方式的理论体系。

二、国内研究述评

农耕文化、农业文明在中国传统文化中占据着重要的地位，"以农为本""重农抑商"等思想渊源对我国农业的发展影响极为深刻。中华人民共和国成立以来特别是改革开放以后，我国农业发展指导思想的改变、责任制的建立、市场机制的完善及价格杠杆的应用，使得农业的产业发展方式不断转变，农业产业的内部结构不断调整和优化。总体上是种植业从偏重于粮食作物向大力发展饲料作物、经济作物转变，农业产业从偏重于种植业向农、林、牧、副、渔综合发展、特色发展转变，在产业结构中非农产业的比重超过了第一产业。在此过程中，慢慢建立起了转变农业发展方式的相关理论基础，许多研究成果得以出现。

（一）关于转变农业发展方式内涵的研究

蔡昉、李周（1990）是最早开展农业转型研究的学者，他们提出，可以从制度环境和技术选择两方面实现我国农业现代化；郑有贵、李成贵（1997）等以经验判断方式对农业现代化进程进行研究，提出农业转型方面的合理化建议。罗其友（1999）在《北方旱区农业资源可持续利用据侧模型研究》一文中，引入环境质量因素，以资源、市场和环境等作为因子变量，构建了多因素交互作用的农产品区域综合比较优势相乘模型，并应用该模型分别测算了我国北方不同类型地区主要农作物的配置优先顺序。[①] 唐华俊、罗其友（2004）在《农产品产业带形成机制与建设战略》一文中，研究了农产品产业带的发展机制及其成长规律，进一步提出了在新形势下从区域层面统筹我国农业发展的根本途径是加大优势农产品产业带建设。[②] 贾利（2009）在《现阶段中国农业发展方式的选择与转变途径》一文中指出，现阶段中国农业发展方式面临两个方面的转变：一是从主要依靠增加生产要素投入为主的外延型增长向主要依靠科技创新、劳动生产率提高、人力资本提升为主的内涵型增长转变；二是从主要依靠生产要素数量扩张，单纯追求数量而不顾效益和质量的粗放型增长向主要依靠提高生产要素邮寄构成和使用效率的集约型增长转变，当前农业发展方式转变的重点是从主要靠高投入、高消耗、低产出、高排放、难循环的粗放型增长，向主要靠低投入、低消耗、高产

① 罗其友. 北方旱区农业资源可持续利用决策模型研究 [J]. 干旱地区农业研究, 1999（1）: 98-102.

② 唐华俊, 罗其友. 农产品产业带形成机制与建设战略 [J]. 中国农业资源与区划, 2004（1）: 2-7.

出、少排放、能循环的集约型增长转变。相对于其他产业而言，农业生产周期较长，且对自然条件依赖性较高，是高风险、低收益的弱质产业，因此，转变农业发展方式，实现农业经济可持续发展，在很大程度上还有赖于政府的一系列农业政策及法律法规的有力支持，从国际经验和我国改革的实践来看，转变农业发展方式最直接、最有效的农业政策是通过制度创新，加大教育和科技投入，推动农业劳动力转移。① 陈锡文（2010）指出，农业是转变经济发展方式的重点领域，转变农业发展方式是从原有资源投入的粗放的农业发展方式，转而依靠增加投入、科技进步、培养新型农民来提高资源利用率、土地产出率、劳动生产率。② 危朝安（2010）认为，转变农业发展方式，重点要在五方面实现根本转变：一是促进农产品供给由注重数量增长向总量平衡、结构优化和质量安全并重转变；二是促进农业生产条件由主要"靠天吃饭"向提高物质技术装备水平转变；三是促进农业发展由主要依靠资源消耗向资源节约型、环境友好型转变；四是促进农业劳动者由传统农民向新型农民转变；五是促进农业经营方式由一家一户分散经营向提高组织化程度转变。③ 潘盛洲（2010）认为，转变农业发展方式主要表现在三方面：推进农业生产方式转变、农业资源利用方式转变和农业经营方式转变。④ 唐思航、韩晓琴（2010）拓宽了农业发展方式的理论范畴，对农业发展方式进行了清晰的界定，即农业发展方式是实现农业发展的模式、方法和手段，其实质是提高现代农业发展的质量，并从生产力视角、生产关系视角、生产方式视角三个方面切入，理清了政府、组织与农民之间的多重关系。⑤ 张召华、雷玲（2011）在《陕西省农业生产效率评价以及影响因素分析》一文中指出，现代农业在国民经济中扮演着重要角色，而发展现代农业的关键在于农业增长方式的转变，现在农业增长方式主要有两种，一是投入带来的增长，二是农业生产效率提高带来的增长，农业增长方式的改变是指农业增长由依靠投入推动转向依靠生产效率推动，正确客观地评价农业生产效率变动对农业增长方式的转变具有极其重

---

① 贾利. 现阶段中国农业发展方式的选择与转变途径 [J]. 广州大学学报（社会科学版），2009，8（10）：45 – 49.

② 陈锡文. 如何看待中央"三农"工作的新举措 [J]. 中国集体经济，2010（7）.

③ 危朝安. 明确目标 把握重点 切实推进农业发展方式转变 [J]. 农村工作通讯，2010（15）.

④ 潘盛洲. 转变农业发展方式要三管齐下 [J]. 农村工作通讯，2010（15）.

⑤ 唐思航，韩晓琴. 转变农业发展方式是发展现代农业的关键 [J]. 北京社会科学，2010（2）：76 – 81.

要的意义。① 刘祚祥（2012）认为，转变农业发展方式是中国经济发展进入新的历史时期之后的内在要求，体现了产业演变的内在规律，面临农业发展演变的各种考验，目前的经济学并不能给转变农业发展方式提供一个满意的分析框架，以致国内现有的研究停留在经验介绍或者政策阐述等层面，然而转变农业发展方式不但涉及技术进步与资源重新配置，而且涉及制度创新与知识积累，转变农业发展方式是农业发展过程中的一个特殊阶段，而不是一个均衡点。② 姜长云（2015）以科技创新作为驱动力阐述了我国转变农业发展方式的着力点，并以此构建了以农业科技创新为主要内容的农业发展方式的理论框架。杨雄年（2015）认为，转变农业发展方式是区域经济发展方式转变的核心内容，从发达国家发展的一般历程看，转变农业发展方式要经历一个螺旋式的上升过程，具体分成三个阶段，第一个阶段是对传统要素的替代阶段，第二个阶段是新兴要素的组配和优化阶段，第三个阶段是重组要素的循环利用阶段，而第三个阶段的完成也意味着农业现代化的实现。岳振飞、孔祥智（2015）以四川省及全国各地农业发展的实际调研成果为依据，揭示了当前"四化同步"进程中中国农业所存在的现实问题，创造性地提出了转变农业发展方式的四个导向，即产业化、规模化、绿色化和集约化。

（二）关于转变农业发展方式阻碍因素的研究

1. 难点一：农村经济的体制机制存在缺陷

改革落后的农村体制机制是转变农业发展方式的着眼点和切入点，从当前学者的研究中发现，我国农村体制机制在实际运转过程中存在较多的弊端和缺陷，亟待完善。韩俊（2015）通过对"十二五"期间我国主要农产品产地农业经济运行的实际调研，总结归纳了我国农村经济体制机制存在的问题：一是农民进入市场存在较大盲目性，缺乏科学的组织化保障；二是财政支农惠农的力度与地方政府的实际能力存在不匹配；三是农村金融改革后所衍生的一系列农村金融产品不符合农业经营的实际需求；四是新型的农业经营组织缺乏造血能力，对体制有较强的依赖性。张新光（2015）认为，城乡分割的二元经济发展格局仍然是制约农业发展的重要现实问题，对于农村生产用地、宅基地和建设用地的使用和管理的混乱，严重制约了农业生产的长期性、稳定性和高收益性，对于大量产权不清、发展前景不明、管理手段滞后、操作手续烦琐的农村土地和城乡接合部，应

① 张召华，雷玲. 陕西农业生产效率评价以及影响因素分析——基于 DEA - Tobit 两步法 [J]. 农机化研究，2011，33（5）：39 - 42.
② 刘祚祥. 转变农业发展方式：国外理论与方法 [J]. 贵州社会科学，2012（8）：74 - 79.

加快治理的步伐。

2. 难点二：资源要素依赖与基础设施发展水平较低

农业是建立在自然资源条件上的物质生产产业，对土地、水、空气、热量有着强烈的依赖，而当前日益严重的空气污染、土壤肥力衰减、地下水超采、废弃物污染等环境问题已经对现代农业发展造成了严重的制约。周玉新（2013）认为，我国是人口大国，人均资源占有量较低，而随着城镇化进程和工业化进程对自然环境的破坏，使得人地、人水之间的矛盾更加凸显，严重影响了农业的可持续发展。姜长云（2016）认为，农业资源使用率低下和传统的农业生产方式加剧了资源环境对农业发展造成的压力，虽然近年来个别农业发达省份利用科技创新逐渐减少了对资源环境的依赖，但全国整体的发展情况仍未得到改观；此外，农业基础设施建设、维护水平较低，也对农业可持续发展造成了影响。张月瀛（2014）以农田水利设施为例，认为当前的农业基础设施普遍存在重建轻养的现象，由此造成的基础设施老化、功能衰退在一定程度上制约了农业的稳定发展。

3. 难点三：农业生产经营的集约化和组织化程度较低

农民作为传统的农业经营主体，存在普遍分散的生产经营状态，特别是在人多地少的东亚传统农业区，随着现代农业进程的逐步深入，传统小而散的分散经营状态不能满足市场对农业的客观要求，而对农民的人力资本投入又较为欠缺，因而在农业合作经营组织和农业新型经营主体中普遍存在组织化程度偏低、管理成本偏高的逆势发展现象。杨雄年（2015）认为，当前的农业经营主体中存在农业劳动力科技文化素质下降的问题，严重制约了现代农业建设，而广大农民在市场经济中的弱势地位没有随可支配收入的增加而提升；相反，由于农业生产必要投入品价格的逐年提高，农民在农业经营层面陷入了更加被动的局面，鉴于以上两种因素，形成了对农业集约化发展的制约，具体表现就是相对低下的农业组织效能。范东君（2015）认为，农业生产经营组织化程度偏低跟家庭联产承包责任制所形成的分散经营惯性有较大关系，由于家庭联产承包责任制在特定历史时段解决了长期困扰中国农业的现实问题，调动了农民的生产积极性，极大地释放了劳动生产力，使得农户对小而散的生产经营模式产生了惯性，当前要转变农业发展方式，就要破除对传统生产经营习惯的依赖，合理计算农业经营组织模式的收益和成本，从而做出最符合收益最大化的生产经营决策，进而加快农业集约化发展的进程。

4. 难点四：未释放农业产业内部的结构红利，质量保障力较弱

实现传统农业向现代农业的转变就要求突破对传统农牧业的理解和认识，丰

富农业的内涵和外延，站在第六产业的高度审视农业产业机构的科学性和合理性。祝卫东、陈春良（2016）认为，我国农业发展进入特殊时期，既是多种问题的集中爆发期，也是转变农业发展方式的关键机遇期，当前我国农业经济所遇到的问题有总量平衡方面因素的影响，更多的是农业产业的内部结构合理性问题，而关键点在于：一是农产品的品种结构亟待调整，二是农业经营体系结构亟待优化。匡远配、杨洋（2015）认为，我国农业产业结构的不理性具体体现在：一是单位农产品产值较低的种植业占据了较大比重，单位价值较高的畜牧业和渔业因生产投入成本相对较高却发展相对不足，所占份额相对较小；二是综合效益较高的粮经饲循环种植模式尚未对传统的粮棉油单链条种植模式产生冲击，为收获结构优势所附带的比较收益；三是市场对有机食品、无公害食品和绿色食品的回应度较差，没有形成有效的品牌认同感和信任度，因而影响了"三种产品"产业结构比例的进一步提升；四是食品安全保障力较差、食品安全事件频发，侧面反映了农业生产服务体系的弱质性。姜长云（2016）指出，生产性服务业的发展是农业产业结构优化升级的关键，只有将营利性农业生产性服务业的支撑作用进一步凸显，提升非营利性农业生产性服务业的发展水平，才能有效转变农业发展方式。

5. 难点五：农业科技推广体系萎靡、科技实际转化率较低

贾利（2015）认为，农业机械化水平和农业生物化水平是农业科技水平的重要标志。我国农业机械化水平跟欧美等发达国家存在较大差距，一方面是由于农业机械化的使用成本不断提升，特别是柴油价格和机械养护费用对农业机械化的使用造成了较大的影响，因而在一些落后地区出现了手工劳作和畜力劳作的倒退现象；另一方面是我国农业生产用地的小而散严重影响了农业机械的正常操作，加大了农业机械化规范使用的交易成本，从而削减了农业生产经营主体对农业机械进行高投入的积极性。唐珂（2015）认为，农业科技创新应该成为地区转变农业发展方式的主动力和决定性力量，当前我国农业科技的条件力水平相对较低，与国际的交流合作较少、创新分工度和传承度相对较差，此外，由于农业科技培训所辐射的面相对较窄，深入的力度不够，使得农业技术的推广往往成为了"半截子工程"，使得农业科技转化的实际效果大打折扣，造成了农业科技推广随时间和影响范围衰减的普遍现象，而农业科技人才由于激励不足，使得其在整个研发和推广体系中的作用并未得到有效发挥。

（三）关于转变农业发展方式路径的研究

1. 路径一：增强农村经济体制创新的实效

陈锡文（2016）认为，农村经济体制机制的创新力欠缺源于发展理念的相对

滞后，要增强对新型城镇化和农业新业态的研究和探索，打造城镇经济和新兴产业业态的双轮驱动效应，助力农村最低生活保障制度、新型农村合作医疗制度和农村养老保险制度建设，使得农村体制机制创新围绕"五大发展理念"产生实际效能。李秋斌（2015）认为，转变政府职能是农村经济体制创新的先决条件，要完成管理型政府向服务型政府的转型，深入推进基层政府机构改革，简政放权，为农民和农业生产经营活动提供更多、更优、更高效的公共产品和公共服务。张首魁（2015）认为，法制建设是农村经济体制创新改革的关键环节和重要保障，只有加快农村、农业经济相关政策法律的配套进程，使更多农村基层的操作程序规范化、制度化、条理化，才能增强农村经济体制创新的实效，另外在农村改革的关键环节上，像农村金融服务方面，要勇于尝试，合理调节行政力对农村金融服务体系的管制，培育适应农村发展现状、满足农民切实需求的金融服务机构，以深化农村信用社体制改革为切入点，进一步提升农业政策性金融服务机构的现实影响力，从而最终形成支撑农业发展方式高效转变的金融服务保障体制。叶兴庆（2016）指出，只有在认识和制度层面下功夫，促进土地流转集中，坚守资源节约、环境友好的农业政策目标，准确把握绿色发展的精髓，让农业"绿起来"绝不是要退回到工业文明之前的传统农业；既要为农业生产者提供利益诱导，又要建立健全相关法律法规，才能促进农业发展方式转变顺利进行。①

2. 路径二：提升农业生产要素投入的精准率和利用率

潘盛洲（2015）认为，农业发展方式转变的过程是从依赖农业生产要素过量投入到科学测度农业生产要素的效能的转化，最终达到科学精准配置农业生产要素、优化农业资源配置的现代农业标准，转变农业发展方式关键就是要转变农业资源的利用方式和处理方式，具体而言：一是将农业资源的节约上升到政策层面，通过价格手段和补贴政策以及媒体宣传逐步培养农业生产经营者的集约意识；二是深刻认识我国人均水资源严重缺乏的国情，加大节水技术的研发和推广力度，注重耐旱型农产品种子的研发、培育以及推广，加强对渠系水资源的科学利用和统一管理，特别是在干旱、山区和丘陵缺水等地带强化农村生产生活用水的科学储存和合理调度；三是进一步创立和完善全国性的农业资源节约的技术体系，推进精简农业用水、农业用药、农业用费的科技攻关，为保障农业资源集约高效利用提供智力支持和技术保障。陶武先等（2015）认为，大力发展循环农业

---

① 叶兴庆. 演进轨迹、困境摆脱与转变我国农业发展方式的政策选择 [J]. 改革, 2016（6）: 22-39.

是提升农业生产要素利用率的重要手段，在科学设计的循环农业体系中，除了对环境内农业资源的集约高效利用外，还包含了对农业废弃物的清洁化处理和集约化再利用，从而达到农村生产生活的理想化环境标准。此外，循环农业完成了对原有农业的产业链条内生化延伸和闭环改造，使得农业生产过程中全要素投入得到高效利用，从而大大提高了农业生产经营的精准性。同时，以循环农业理论为主要依据的农村循环社区、生态循环村落建设也是集约利用农业生产要素的积极探索。

3. 路径三：完善农村基本经营制度，加快实现农业经营方式的转变

韩俊（2010）指出，加快农村经营方式的转变，就要毫不动摇地坚持并完善农村基本经营制度人多地少的基本国情决定我国不可能走发达国家以大规模农场为特征的农业现代化道路，改造传统农业的现实途径是大力提高家庭经营的集约化水平，而不是片面地追求扩大土地经营规模"应鼓励农户采用先进技术和生产手段"坚持农地农用的原则，鼓励土地向专业农户集中，保证农民是经营主体和受益主体，另外，健全农业统一经营服务体系，提高农民的组织化程度，加快发展农民专业合作社，加大对农民专业合作社的扶持力度，并大力发展多元化农业服务体系。沈贵银（2009）认为，应鼓励多种方式的农业规模经营：第一，发展土地要素规模经营将土地流转到种养大户手中实现规模经营，实行土地集中规模经营的形式主要有土地股份合作经营、承包大户经营和产业化基地经营。第二，发展劳动要素规模经营主要通过两种经营形式来实现：一是由生产同类农产品的农民自愿参加专业合作经济组织，使入社农户扩大生产规模并获得规模效益；二是通过"公司＋农户"的方式，建成农产品生产基地，带动农户扩大生产能力，获得规模效益。第三，发展资本、技术要素与销售服务规模经营将分散经营农户的主要生产经营环节、技术推广服务和市场信息服务纳入规模化、专业化和社会化大生产轨道，实现农业的规模经营。[①] 程民选等（2018）认为，坚持和完善农村基本经营制度，真正落实"统分结合"，不仅是进一步发展我国农业生产力的客观要求，也是社会主义生产关系的内在要求。[②]

4. 路径四：促进农业产业结构调整，建立现代农业产业体系

韩俊（2010）指出，应进一步拓展农业经济结构调整的新领域和新空间。全面深化现代农业生产、生态、生活等功能开发，推动农业的集约化、规模化、专

---

① 韩俊. 学习中央一号文件　开创农业农村工作新局面 [J]. 上海农村经济，2010（2）：7-9.

② 程民选，徐灿琳. 对坚持和完善农村基本经营制度的新探索 [J]. 江西财经大学学报，2018（5）：71-78.

业化和优质化生产，全面提高农业和农村经济发展的质量和效益。加快畜牧水产业和林业的发展。大力发展农产品加工业和运销业，增加农产品的附加值，构建生产、加工、销售有机结合的高效农业产业体系。开发新型能源作物，拓展农业发展新空间"培育农村服务业新的增长点。① 孙景森（2015）认为，推动产业结构从生产为主向生产、加工、流通、服务联动发展转变。要坚持一手抓农业生产发展，一手抓产业链条延伸，加快构建战略产业与特色优势产业协调发展和生产、加工、流通、服务有机融合的现代农业产业体系。积极推进主导产业集聚发展。正确处理好发展粮食作物与经济作物的关系，积极推进农业结构战略性调整"加快发展产后农业，大力发展农产品加工业，推进农产品加工园区建设，加强农产品市场建设，加快形成以城市销售市场为龙头、农村产地市场为基础的农产品市场体系。② 武甲斐等（2017）指出，转变农业发展方式的具体路径为增加农业健康产能、构建新型的农业社会化服务生态、利用农产品消费前置打破农产品价格限制和依托农业自然性吸引力创新三次产业融合的方式。③ 曹健等（2018）认为，区域生态循环农业模式是现代农业发展的必然选择。④

5. 路径五：推进农业科技创新和应用

韩长赋（2010）指出，应大力促进农业技术集成化、劳动过程机械化、生产经营信息化。强化农业基础研究和科技储备，在转基因生物新品种培育等关键领域和核心技术上取得突破。开发农业节约型技术，加快推进基层农技推广体系改革与建设，提升公共服务能力。⑤ 唐珂（2013）认为，推进农业科技创新，强化建设现代农业的科技支撑，就要转变农业科技发展思路。⑥ 各地应加快推进现代农业技术体系建设，大力培养科技领军人才，发展农业产学研联盟，加快推进农业科技研发；大力发展多元化、社会化农技推广服务组织，培养农村实用人才；不断加大财政对农业科研推广的投入，加大对农民采用农业技术的补助。同时，鼓励科技人员到一线创业，把科研成果和先进适用技术广泛地、直接地运用于现代农业生产。国家要加大力度支持科技入户工程，着力培育科技大户，发挥对农民的示范带动作用。⑦ 郭海红等（2018）认为，中国农业的发展模式依旧是依赖

① 韩俊. 学习中央一号文件 开创农业农村工作新局面 [J]. 上海农村经济, 2010 (2).
② 孙景森. 加快农业发展方式转变的新思维 [N]. 学习时报, 2015 – 04 – 01 (010).
③ 武甲斐, 张红丽. 转变农业发展方式的指标评价及路径选择 [J]. 经济问题, 2017 (7)：85 – 91.
④ 曹健, 范静. 建设区域生态循环农业的思考 [J]. 社会科学战线, 2018 (9)：245 – 249.
⑤ 韩长赋. 毫不动摇地加快转变农业发展方式 [J]. 求是, 2010 (10)：29 – 32.
⑥ 唐珂. 合江县农业产业化经营的问题与对策研究 [D]. 四川农业大学, 2013.
⑦ 张春舒. 转变农业发展方式研究观点综述 [J]. 经济纵横, 2011 (3)：121 – 124.

要素驱动，只有不断提高技术效率和规模利用效率，全力提高全要素生产率水平，才能实现农业可持续发展。①

总体而言，相关研究多采用定性研究方法，缺乏严谨的定量分析支撑，并且目前针对我国资源型地区农业转变发展方式的研究成果较少。

第四节　研究思路与内容

本书结合农业多功能理论，分析兵团现代农业多功能发展现状和影响因素，并且通过团场的抽样调研，对各团场的"五位一体"多功能协调发展状况进行评价，并针对不同类型的团场，设计不同的转变路径。具体如下：

第一章：导论。本章内容主要由两部分构成：第一部分是选题背景和研究意义；第二部分是基本情况，包括研究思路、研究内容、研究方法等。

第二章：理论基础与研究框架。本书的理论基础来源于七大理论体系，分别是生产方式理论、可持续发展理论、农业多功能性理论、区位理论、产业结构理论、比较优势理论和创新理论；国外经典理论回顾主要是梳理了古典经济学与发展经济学对农业发展方式理论的研究；国内研究述评可以归纳为，转变农业发展方式的内涵研究、影响因素研究和路径研究三个方面。

第三章、第四章：兵团特殊体制下现代农业发展方式分析与现状解析。首先从问题的产生及发展角度对兵团现代农业发展的状况、现状、问题及局限进行理论剖析，然后从研究层次的角度切分并明确，兵团转变农业发展方式的问题是基于土地资源、社会环境、戍边责任等范围内的，当前农业向多功能需求的新型农业发展方式的转变，兵团现代农业发展的困境，经营方式的制约并剖析其转变的必要性。并对不同类型的团场基于经济发展、社会和谐、维稳戍边、生态文明等几个方面进行划分与评价。

第五章：兵团现代农业"五位一体"功能实现评价，通过选取指标与变量，构建指标体系，对兵团团场"五位一体"功能的实现进行抽样调研与评价测度。评价其实现的客观条件与主观判断。

---

① 郭海红，张在旭．改革开放四十年中国农业改革与农业动能 [J]．经济体制改革，2018 (5)：18－25．

第六章、第七章、第八章：这三章针对前面所划分的不同类型的团场，核心团场、沙漠边缘团场与维稳戍边型团场的现代农业发展方式设计不同的转变路径，依据团场的具体条件，资源禀赋、人口特点、自然特征等，指出一条客观的因地制宜的发展路径。

第九章：兵团现代农业经营方式转变的保障措施。

第五节 研究方法与技术路线

一、研究方法

一是文献法、问卷调查法、访谈法相结合。梳理大量相关研究文献资料，通过石河子大学图书馆的软硬件设施和中国知网、JSTOR、WILY 等国内外数据库下载并阅读关于区域经济、农业政策、农业转型方面相关的国内外文献。另外，重视微观组织和微观视角的实地研究，通过对团场农业管理人员、农业合作社管理人员和团场职工的访谈、填写调查问卷获得一手的调研数据。

二是定性分析与定量分析相结合。梳理国内外对转变农业发展方式进行研究的思路，归纳农业现代化进程中的历史演变路径和发展规律，定性解析农业发展方式的理论框架与内在机制，为实证模型的构建提供依据。研究中所使用的定量分析方法：①使用描述性统计方法对团场农业发展方式的总量、结构进行判定；②运用因子分析法对团场进行划分，明确各团场农业发展与发达省份的距离以及自身存在的问题；③使用比较分析法研究各个团场的调研资料，用比较分析法提出差异性策略。

三是实证分析与规范分析相结合。实证分析是撇开社会对其本身的价值判断，只研究各现象之间的相互联系，回答的是"是什么"，内容具有客观性。规范分析是以一定的价值判断作为出发点和基础，提出行为标准，并以此作为处理问题的依据，探讨如何才能符合这些标准，① 回答的是"应该是什么"，带有主观性。本书在研究农业发展方式现状、问题及微观视角分析时采用了实证分析

---

① 任保平，钞小静. 从数量型增长向质量型增长转变的政治经济学分析 [J]. 经济学家，2012 (11)：46-51.

法，在总结归纳转变农业发展方式的路径时采用了规范分析法。

二、技术路线

本书围绕转变农业发展方式这一中心论题（见图 1 - 1），以生产方式理论等七大理论为基础，结合国内外关于转变农业发展方式问题的研究，构建了转变农业发展方式问题的理论分析框架，并在此框架下深入分析了兵团农业发展的现状及问题，结合兵团的区位条件，学习国内外相关经验，最终得出兵团转变农业发展方式的具体路径。

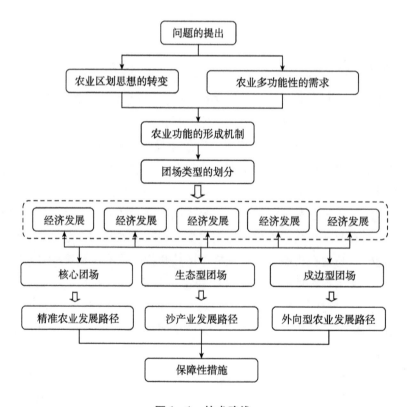

图 1 - 1　技术路线

第二章　理论基础与研究框架

第一节　生产方式理论

马克思哲学和经济思想的最直接理论来源是德国古典经济学、英国古典政治经济学和 19 世纪三大空想社会主义学说，而其最重要的部分是生产方式理论，生产方式理论也被称为理解马克思历史唯物观和政治经济学的枢纽。马克思认为，生产方式不仅是人类物质生活的决定因素，而且是人类精神生活的决定因素，马克思正是通过科学地区分生产方式的二重结构、生产方式诸因素的内在联系和相互作用、生产方式的内在矛盾和变革发展等理论，并以此为依据将人类社会的发展过程划分为原始共产主义、古代奴隶制、中世纪封建主义、工业资本主义和社会主义五个阶段，并指出生产方式的变化是社会组织变化的能动源泉。

标志着马克思历史唯物主义正式形成和马克思主义哲学成熟的是马克思、恩格斯在 1845 年所著的《德意志意识形态》，书中阐述了以生产力与生产关系的矛盾为核心的唯物史观基本原理，包络社会存在决定社会意识、生产方式在社会生活中起决定作用，生产关系必须适应生产力的发展等重要论断。在科学的唯物史观基础上，生产方式理论逐步完善，其中，生产方式是指人类借以向自然界谋取物质生活资料的方式，生产方式是社会生存的基础和源泉，决定并制约着人的全部活动以及全部社会生活的领域和过程，作为社会实践主体的人，只有在一定的生产方式中才能发挥作用，才有自身的发展。生产方式包括生产力和生产关系两个方面，其中生产力是人类改造物质世界的能力，反映了人与自然的关系，包括劳动者、生产工具和劳动对象三个要素，劳动者是生产力中最活跃的要素起主导作用，劳动力是反映生产力水平的重要标志；生产关系是在物质生产过程中所形成的人与人之间的关系，反映了人与社会的关系，包括生产资料所有制的形式，人们在生产中的地位和相互关系，产品如何分配三个组成部分，其中生产资料所有制的形式是基础，起决定性作用。

在历史唯物观的基础上，马克思的经济思想不断成熟，其经济思想主要集中在《资本论》三卷和《剩余价值理论》中，马克思生前仅出版了《资本论》第一卷，逝世后由恩格斯整理出版后两卷，《剩余价值理论》是马克思为写作《资本论》做大量准备的读书笔记，后来由考茨基整理出版。1867 年 7 月 25 日，马克思在《资本论》第一卷的序言中写道："我要在本书研究的是资本主义的生产方式以及和它相适应的生产关系和交换关系。"生产方式就是生产资料和劳动力的结合方式，这种结合方式在资本主义社会表现为商品经济。《资本论》第一卷第一章是商品，第一段话为："资本主义生产方式占统治地位的社会的财富，表现为庞大的商品堆积，单个的商品表现为这种财富的元素形式，因此我们的研究就从分析商品开始。"马克思紧扣商品这条主线，创立了劳动价值论，并在劳动价值论的基础上，构架了他的极富力度、逻辑严谨的理论体系。马克思认为商品经济形态是较自然经济更为发达的社会形态，商品经济以商品的生产和交换为主要内容，而商品是用来交换的能满足人的某种需要的劳动产品，任何商品都是使用价值和价值的统一体，价值是凝结在商品中无差别的人类劳动，使用价值是商品的有用性，使用价值是商品的自然属性，而价值是商品的社会属性，商品的使用价值和价值不可兼得，只有通过交换才能解决商品自然属性和社会属性的矛盾，商品的二重性源自劳动的二重性，劳动分为具体劳动和抽象劳动，具体劳动创造商品的使用价值，是生产使用价值的具有特定性质、目的和形式的劳动，是人们利用和改造自然物质，使之适合人们需要的过程，是人类社会维持自身存在和发展的必要条件；而抽象劳动是商品价值的源泉，是除去具体形式的一般人类劳动，体现着商品生产者之间的经济关系，是劳动的社会属性，由商品的二因素和生产商品的劳动二重性开始，马克思进一步阐明了价值规律、价值形式、货币起源、商品经济矛盾和基本规律，从而揭示了剩余价值的源泉和资本家剥削工人的秘密。

第二节　可持续发展理论

20 世纪 50 年代中后期，在欧美一些国家中开始了增长与发展的反思，开始关注经济增长与人口、城市、资源的关系问题，而随着莱切尔·卡逊（1962）所著的《寂静的春天》一书的问世，进一步引发了人们对关于发展与环境的理念的探讨；"农业可持续性"问题由哥尔丹·道格拉斯（1984）在其著作中明确提出，联合国粮农组织（FAO）将可持续农业（1991）定义为："可持续农业是采取某种方式，管理和保护自然资源基础，并调整技术和机构改革方向，以便确保获得和持续满足目前几代人和今后世世代代人对农产品的需求。"1992 年，世界环境与发展委员会（WECD）在巴西召开的环境与发展会议上通过了《21 世纪议程》，将农业与农村的可持续发展作为可持续发展的根本保证和优先领域；随着可持续发展理论的不断发展和完善，修正了宏观经济学运用国民生产总值（GNP）衡量国家财富的传统做法，指出传统的 GNP 核算并未将由于经济增长而带来的对环境资源的消耗和破坏所造成的影响考虑在内，应将自然资源和环境因素考虑在内，因而形成了净国内产值和绿色国内生产总值等新的指标及体系；成熟的可持续发展理念包含两个重要的组成部分：一个是满足需要，即首先使贫困人口最基本的需要得到满足；另一个是需要进行限制，即对未来环境需要的能力构成危害的限制，限制的存在是保证可持续需要的基础，一旦限制取消，就会对环境中的大气、水资源、土壤和生物产生危害，也就丧失了可持续的根本。

现代农业发展必须恪守以可持续发展理论及可持续农业理论的准则，现代农业发展的内容和目标必须立足于当前，更要展望于未来，是可持续的发展。可持续是可持续发展的关键，发展便是核心，在规划时，我们要兼顾公平性原则、持续性原则和共同性原则，要综合经济、社会、生态效益，使农业的发展和经济的发展在数量增长的基础上，兼顾品质的优化和效益的提升，将满足区域居民的需要和对居民需要的限制调控在一个可控的良性范围之内。

第三节　农业多功能性理论

一、农业多功能性理论内涵

人类对农业功能的认知从人类文明诞生之初便已开始，在奴隶社会和封建社会时期，农业在国家的政治、经济和社会层面发挥着巨大的基础性作用，进入到工业社会后，学者对农业功能的认识也不断深入，早在 20 世纪 40 年代，发展经济学奠基人张培刚（1941）在《农业与工业化》一书中，明确提出农业国和经济落后国家要想实现经济快速发展，就必须实现全面的工业化，这不仅是工业本身的机械化和现代化，而且包括农业的机械化和现代化，农业是工业化和国民经济发展的基础和重要条件，具体体现在粮食、劳动力、生产原料、市场、资金与外汇五大功能上。西蒙·库兹涅茨（1961）《经济增长与农业的贡献》一文，对农业在经济发展中的作用进行了重新概括，认为农业对经济发展的贡献包括产品贡献、市场贡献、因素贡献和外汇贡献，并对此做了定量分析。印度经济学家苏布拉塔·加塔克和肯·英格森特（1984）在《农业与经济发展》一书中，继承了库兹涅茨的观点，又将农业的基础性地位概括为四大贡献：产品贡献、市场贡献、要素贡献和外汇贡献。20世纪80年代末，为了应对工业化、全球化对日本传统文化的冲击，日本政府提出了保护"稻米文化"的课题，将农业的功能由政治功能、经济功能、社会功能扩到文化功能和生态功能，我国在20世纪90年代初期开始，特别是因莱斯特·布朗（1994）所著《谁来养活中国》和温铁军关于"三农"问题的论述问世后，农业经济领域开始重视对农业多功能理论的深入研究，而2008年世界银行发布的世界发展报告《以农业促发展》更是将农业多功能理论体系推向了新的高度，该报告指出，农业具有多功能性，对发展具有多方面贡献，作为一项经济活动，一种谋生手段，一个环境服务的提供者，农业成为促进发展的独特工具。

随着区域经济的发展，农业产值在国内生产总值中的比例不断下降，从表象上农业的直接功能在衰减，而系统分析农业的间接功能和综合功能价值却在不断上升。农业多功能性理论的产生和完善，开拓了改造传统农业的思路，衍生了生态农业、都市农业、休闲农业、循环农业、社区支持农业（CSA）等多元化的现代农业研究领域，使单纯的经济增长思维延展到社会全面发展的系统体系，将增长方式的研究扩展到了发展方式的研究，丰富了转变农业发展方式的路径和手段。

（一）经济功能

产品的贡献和生产要素的贡献作为农业贡献中最基本的部分，体现着农业贡献的经济功能。

从产品贡献来看，中国粮食总产量有了大幅的提升，近1万亿斤，其中产出量居于世界前列的有果蔬类、肉类、水产品。粮食总产量的大幅提升为国家食品安全做出了贡献，同时也提高了我国十几亿国民的营养水平。改革开放40年以来，农产品种类增多，数量逐渐充盈使我国人民基础物质需求得到更大的满足，农业贡献中的产品贡献在改革开放 40 年中对加速经济建设、有效应对通货膨胀和处理各种突发事件、保持基本社会稳定功不可没。

在生产要素贡献方面，着眼于资本贡献和土地贡献两个角度，农业贡献对全国各地的社会经济发展具有深远影响。第一，从资本贡献的角度看，20 世纪 70 年代至 90 年代初，这是以农业贡献为基础加快工业化进程的时期，此期间农业资本贡献突出，农业剩余净额为 12986 亿元，20 世纪中后期以后其他产业的作用才明显增大，如外资引进。此外，有部分学者认为，自改革开放以来农用土地低价非农化所做出的资本贡献在 2 万亿 ~2.8 万亿元。另外，农民工的低工资也作为一种资本贡献为全国各地的招商引资及工业化、城镇化建设出一份力。

第二，再从土地贡献的角度看，我国作为人多地少的发展中大国，仅在 20 世纪 90 年代 ~21 世纪初期，耕地面积就减少了 1.24 亿亩。贡献农业用地使之减少意味着以牺牲农民的利益为代价逐渐发展其他产业，从而有力地支撑了国民经济的发展。例如，农村富余劳动力转移，使得发达地区和大中城市拥有了从事体力劳动和脏险苦累工种的劳动力，即农民工。勤劳能干的农民工群体已经成为当今经济社会建设正常发展中不可或缺的一部分。

（二）社会功能

农业贡献具有天然的社会功能。农地可以使农民自给自足，保障生活所需，并且农业能够产生大量的社会劳动力。在大力积极倡导农村富余劳动力转移之后，我国农业劳动力仍然处于供大于求的状态，农业富余劳动力长期存在，说明在我国农业和农村领域有如发展经济学家所描述的"隐蔽性失业"问题的存在。因此，在这种情况下，我们不仅仅要在农村富余劳动力转移的推进上做出努力，更要为了增大农业内部的就业容量而积极大力调整农业产业结构。农村的富余劳动力一部分可以被工业化、城镇化所接纳吸收，另一部分可以由势在必行的农业结构调整所产生的农业内部的就业门路所接收。在我国改革开放的进程不断推进的 40 年里，由于农业领域自身具有的就业蓄水池调节功能，使得以农民为主的城乡间人口大规模移动中鲜有大量就业难或短期性就业等无业可就的农民聚集城市的现象。

农民利用农地使用经营权起到的自我保障作用是农业贡献的社会功能的重要方面。改革开放 40 年来，农民在发展农业过程中会碰到多重困难，并且我国农村社会保障体系并不十分健全、农村社会保障人口的覆盖面较小、保障水平均处于较低水平，这些都会影响农民对于农业发展的信心，但是农民拥有的农地使用经营权利能够保障农民生活所需，更有利于农民作为农业主要劳动力在农业发展上发挥更好的作用。

（三）生态功能

在经济可持续发展的进程中，农业具有环境保护功能，且带来的显著正外部性是农业贡献的具体体现。这种正外部性不仅与人民群众的生活密切相关，也与经济社会的发展和进步紧密相连。

站在人民群众生活的角度看，为了能够保证人民群众的营养和保障人民群众的健康权益，同时维护农业资源，农业发展不仅仅关注农产品的数量增长，也关注农产品质量的提高，这是农业发展理念的重大变化。同时，生态农业开始兴起与发展，人们变得更青睐绿色食品。

从经济社会的发展与进步的角度看，农业领域在改善自身生产条件的行为过程中获得的绩效，除了使农业本身收益之外，也给整个社会带来了巨大的生态效益。近些年来，农业领域做了很多对农村及整个社会具有良好环境效益的绿色工程建设，大面积增加绿色植被，积极有效地解决水土流失、盐碱退化土地、风沙干旱等环境问题。与此同时，农业积极参与碳减排的国际合作响应了国际上倡导的碳汇贸易，为农业国际合作谋得更多有利机会。改革开放 40 年来，农业地位因全社会受益于农业的环境贡献而变得更加重要。

（四）文化功能

农业对中华民族传统文化的传承是农业贡献的文化功能特征的重要体现。进行改革开放之前，社会环境氛围特殊，农产品在较长时期内处于紧缺状态，农业的重心几乎全在农产品的充分供给上，对中华文化的传承所起的作用十分微弱。自改革开放以来，随着农业的发展、经济的发展农产品供给充足，物质基础的满足使得人们对上层精神文明建设有了追求，人们对根植于田间沃壤的民族传统文化的认识已经回归到理性的轨道上来，将农业文化发扬光大，特别是农村旅游业的兴起和迅速发展。过去无法想象的传承民族传统文化热在农村经济发展的道路上被引发，国家在支持传承民族文化做出不少努力，如获批非物质文化遗产，在已经公布的两批国家级非物质文化遗产中有不少是与农业和农村密切相关的。农业的文化贡献具有的正外部性为整个社会的中华民族传统文化传承起到了重要的支撑作用。

（五）政治功能

制度建设的创新和创业方面是农业贡献政治功能的具体体现。在制度创新方面，农业做出了重大贡献。改革开放 40 年来，中国走的是"农村包围城市"的道路。如今农村是中国经济体制改革的起点，在改革过程中土地承包制对整个改革开放的制度性和示范性影响程度很深，直到今天它仍然在发挥着应有的示范作用。

中国的基层民主政治建设从农村开始，如"村主任海选"。在中国改革开放40年中，各种行业都有创业的杰出代表、先进典型，创业精神最引人注目的便是在农业领域，卓有成就的就有江苏省的华西村和黑龙江省的兴十四村。在这两个代表中，其创业精神的感召力和教化功能已经渗透到各行各业。因此，我们必须提到农业贡献在改革开放40年这段历程中所起的重要作用。

在这种提要钩玄的分析中，我们能够充分地意识到我们有充足的理由去调整和重塑城乡关系，进一步完善处理农民、农业和农村的关系，使农业对社会的巨大贡献得到社会对农业的相应支持与回报不断地调动众多农民的积极性，加速推动农业生产力的发展，积极促进农村社会的进步。

二、农业多功能理论与现代农业

为了突出农业的基础地位和战略意义，加快现代农业建设，推进新农村建设，提高中国农业的国际竞争力，实现中国农业可持续发展的客观要求，应当充分发挥农业多功能性，促使农业结构不断优化升级。

（一）发挥农业多功能性，有利于强化农业的基础地位

发挥农业多功能性，意味着要准确把握经济社会对农业的需求，加深农业与现代社会的联系。农业的功能是农业基础地位的支撑。农业的功能只有不断适应和满足经济社会发展的需求，农业才能发挥基础作用，不断巩固和强化自身的基础地位。因此，不断强化农业对经济社会发展的支撑作用，必将进一步巩固和提升农业的基础地位。

（二）发挥农业多功能性，有利于加快现代农业建设

农业实现由传统农业向现代农业转变，本身就是农业的多种功能得到开发和利用的过程。而现代农业要进一步发展，既要不断巩固和强化农业的基础功能，又要开辟出新的功能。现代农业本身就是具备多功能性特征的农业。例如，生态农业和旅游农业，其本身就兼具多种功能。开发农业的多种功能，必将促进现代农业发展。

（三）发挥农业多功能性，有利于推进新农村建设

社会主义新农村建设是要最终实现把农村建设成为经济繁荣、设施完善、环境优美、文明和谐的社会主义新农村的目标。中国共产党十六届五中全会提出要扎实推进社会主义新农村建设。中央农村工作会议也提出要积极稳妥地推进新农

村建设。要实现社会主义新农村建设，需要发挥农业多功能性，转换农业的生产经营方式，提高农业综合生产能力，增加农民收入，繁荣农村经济。同时，要把开发利用自然资源和改善环境结合起来，改善村容村貌，提高农村的环境质量和卫生水平。

（四）发挥农业多功能性，有利于提高中国农业的国际竞争力

各国农业所能发挥的功能之间的竞争是国家之间围绕农产品展开的贸易竞争的一部分。农业的竞争力受农业的功能影响很大。一个国家的农业功能的种类越多、质量越高，说明该国农业的国际竞争力越强。经济竞争仅仅是世界农业竞争的一部分，世界农业的竞争还包括国家资源保护、农业文化传承及农业的可持续发展等。因此，发挥农业多功能性，是扩大农业对外开放，提高中国农业国际竞争力的重要措施。

（五）发挥农业多功能性，有利于实现农业的可持续发展

农业的可持续发展是指在保护和改善农业生态环境的前提下，合理地利用农业自然资源，保持农业生产率稳定增长。开发农业的功能多样性，可以充分发挥农业保护自然资源和生态环境的功能，同时能够促进农村经济发展。为了使农业多功能性得到更好的发挥，实现农业的可持续发展，应当制定相应的政策和措施为开发农业多功能性提供支持和保障。

第四节 兵团现代农业"五位一体"多功能理论特殊性

兵团的农业经过 40 多年的发展，取得了令人瞩目的成就。兵团在政治建设方面的功能，体现出中国共产党初建兵团的意图，履行着戍边维稳的重大责任。"十三五"时期是兵团农业大发展大提升大作为的重要机遇期，要达到 2018 年全面实现农业现代化、2020 年成为全国现代农业排头兵的总目标。兵团《"十三五"时期兵团农业现代化发展规划》提出按照"五位一体"总体布局和"四个全面"战略布局，坚持创新、协调、绿色、开放、共享发展理念，树立大农业、大食物观念，大力推动粮经饲统筹、农林牧渔结合、种养加一体、三次产业融合发展；以市场需求为导向，以完善利益联结机制为核心，推进农业供给侧结构性改革，创新农业发展体制机制，建立健全现代农业产业、生产、经营"三大体

系"，充分发挥"三大基地"示范带动作用；加快推进农业调结构转方式，全面提升兵团农业发展的质量和效益，增强兵团农业竞争优势；积极探索农业经营管理体制机制改革，充分挖掘农业增收潜力，持续增加农牧职工收入，走产出高效、产品安全、资源节约、环境友好的现代农业发展道路。

　　综观兵团农业多功能性的价值现状：农业对支持经济持续有效发展的贡献显著；很大程度上实现了兵团的维稳成边作用；兵团农业强有力地支撑着新疆及兵团消除贫困问题的工作；兵团农业发展有效地带动了传统及现代的兵团文化，大力发扬了兵团人的兵团精神；各项功能在科学均衡发展方面未发挥出应有水平，为了不断完善各项功能的更好更快发挥，我们应该进行类别的分析，抓住主要矛盾，找准关键问题所在。基于农业各种功能的不断展现和发展，将兵团特殊的、不同于其他地区的农业多功能性总结如表 2 - 1 所示：

表 2 - 1　兵团特殊的农业多功能性总结

属性类型	属性内涵	属性表现形态特征
成边功能	保卫祖国边疆 有效开垦农地	社会稳定是社会经济发展的重要前提 开垦荒地——牢固农业作为强国亲民的基础力量
文化功能	生活娱乐方式 传承和弘扬兵团文化 传承兵团农耕文化 手工艺、习俗	丰富人民业余生活、加强文化艺术发展的基础建设作用 保护农业、团场物质及非物质景观、遗产，加强精神文明建设，不断创新和发展促进工业、商业等一系列产业的发展，为兵团精神、兵团文化和兵团人的传承与弘扬做贡献
经济功能	各个产业基础 财政资金来源 能源供应、创造必要的外汇	为其他经济活动、产业部门提供生存的物质基础、支持工业
社会功能	吸收剩余劳动力 社会稳定有保障	提高农业生产率、完成体力劳动任务、保持自然经济模式、安居乐业心态、平抑零售物价上涨、提供食物和社会福利 促进基础服务体系的建设和完善
生态功能	顺应自然生产环境 遵循生物规律 优化和弥补生态缺陷 保护和改善生活空间 保护乡土景观 改善人居环境 兵团绿洲农业之人工绿洲	通过生态防护林、绿化带等相关措施的建设来防风固沙，进而实现绿化、园林、花卉等新型都市农业、生态农业、（绿色）有机农业、观光农业等 在保持水土、改善环境的同时为人们提供原生态的吃喝游玩场所 把生态和科技创新融为一体谋求更好的生态环境、始终坚持可持续发展之路

兵团从建立之初就是劳武结合的一支具有高精准组织化程度的战斗、生产、工作队，要生产自然离不开农业的基础发展，这也就奠定了兵团始终如一的坚实的农业基础。随着兵团的不断进步与发展，农业也随之发展得更加科学和完善，结合新时期的经济新常态，顺应"五位一体"的全面发展新理念，兵团"五位一体"的农业多功能性也就应运而生了，对于具体功能性的显现也就成为了我们要关注、要分析、要总结和解决的新问题、新思路和新方法了。

第五节 制度创新理论与技术创新理论

古典经济学中的创新围绕亚当·斯密的分工理论展开，强调市场规模的不断扩大、产业链条的不断延伸以及部门内劳动力的专业化以实现产业渐进式的创新，奥地利经济学家约瑟夫·熊彼特打破了传统渐进式的创新演变，强调一种突变式的生产要素组合。在《经济发展理论》（1912）书中提出了创新的概念，在此后的著作中将创新理论体系不断完善，他认为，所谓创新就是生产要素的重新组合，即创造生产要素和生产条件的"新组合"，将其引进生产体系中，然后不断地实现对生产要素或生产条件的"新组合"；实现"创新"、引进"新组合"是资本主义"企业家"的职能；整个资本主义社会连续创新创造的结果便是经济的发展；最大限度地获取超额利润是创新的目的。他总结了创新的五种形式：产品创新、技术创新、市场创新、资源配置创新和制度创新。

熊彼特之后的创新理论围绕制度和技术两个大的方向产生诸多理论学派，制度创新的代表人物有美国的罗纳德·科斯、道格拉斯·诺斯等，罗纳德·科斯的主要学术贡献在于揭示了交易成本在经济组织结构产权中的重要性，在《社会成本问题》（1960）一书中创造了交易成本的概念，认为只要交易成本为零，那么无论产权归谁，都可以通过市场自由交易达到资源的最佳配置，即科斯定理，交易成本理论的形成和发展为制度创新奠定了重要的基础。道格拉斯·诺斯（1982）在其《西方世界的兴起》和《制度变革与美国经济绩效》著作中阐述了产权理论的思想，他认为，一个有效的私有产权制度是经济增长的根本原因，因为一方面产权的基本功能与资源配置的效率相关，另一方面有效的产权对经济系统具有激励的功能，他以产权理论、国家理论和意识形态理论为基石所建立的制度变迁理论是解决中国农业发展问题的重要理论依据。

在技术创新领域，代表人物是日本的速水佑次郎和美国的弗农·拉坦，他们的诱导技术创新理论源于英国经济学家约翰·希克斯在《工资理论》（1932）一书中提出的诱导创新概念，即生产要素中相对价格的变化本身就是对发明的刺激。速水佑次郎和弗农·拉坦（1971）合著的《农业发展：国际前景》一书中提出了诱导技术创新理论，该理论认为现代农业技术的进步决定农业生产率的增长，从而影响现代农业的发展。他们认为技术进步能够增加单位生产要素投入的产出。1985 年，他们又进一步提出了包括自然资源禀赋、文化状况、技术和制度四个因素共同作用而促进农业发展的完整理论。认为这四种因素呈一般均衡关系。

由于农业的弱质性的存在，现代农业发展过程中一直要解决两个问题：一是解决农业发展所面临的生产要素约束需要提高农业生产率；二是解决农业发展所面临的市场需求约束需要增强农业的市场竞争力和市场地位。1990 年以后，我国政府一方面从农业本身角度通过产业政策保护支持农业发展，另一方面通过工业反哺农业来缓解农业的压力。而创新理论的理论精髓在于，只有内生创新才是破解农业发展困局的根本途径，在转变农业发展方式的进程中，要遵循创新理论的基本思维，即创新是内生的过程，企业家是创新的主体，创新是经济实体内部的自我更新，创新需要清晰的产权制度，创新需要经营管理模式的创新，创新需要产业政策的支持，等等，这些构成了转变农业发展方式的主要内容和基本框架。

第六节　转变农业发展方式理论

一、转变农业发展方式问题的产生及发展

我国农业发展的历程，是以粮食生产为重心的体制改革、结构调整与制度创新不断演化的过程，大致可以分为三个历史阶段：第一个历史阶段是中华人民共和国成立后至 1952 年底，全国范围的土地改革全部完成，土地由剥削阶级所有转化为归农民所有，解决了土地所有权归属的问题，使得农业生产迅速得到恢复和发展，粮食产量开始增加；第二个历史阶段是农业合作化运动阶段（1953 ~ 1978 年），经历了初级农业合作化时期、高级合作社和人民公社化时期，1955 ~

1982 年的高级合作社和人民公社化脱离了中国农业生产力发展的实际水平，高度集中的劳动方式和平均主义的分配方式，影响了农民生产的积极性，粮食产量一度倒退；第三个历史阶段是 1982 年至今，1982 年 1 月 1 日，出台了中国共产党历史上第一个关于农村工作的一号文件，明确指出社会主义集体经济的生产责任制包含包产到户、包干到户，此后，中国政府不断巩固和完善家庭联产承包责任制，鼓励农民多种经营，调动了农民的生产积极性，较好地发挥了劳动和土地的潜力。

转变农业发展方式的理论和应用于第三个历史阶段，进入到第三个历史阶段后，我国粮食等大宗农产品多处于供不应求的状态，保证农产品数量增长、供给稳定是我国农业发展的首要目标，但受生产周期、供求规律的影响，产生了 3 个以供给相对宽裕、农产品价格普遍下跌、农产品销售困难为特征的特殊时期，分别是 1985～1986 年、1991～1992 年和 1999～2003 年，为应对经济规律对农业发展的影响，国家出台相关政策，积极调整农业产业结构，转变农业发展方式，努力引导农业健康发展和持续发展。例如，1985 年，为应对粮多棉多的产能过剩情况，国家积极引导农业种植结构的调整，增加经济作物的种植面积；1992 年，为应对农产品全面增长所产生的卖难问题，国家提出必须发展高产优质高效农业，从单纯追求产量向产量与质量并重；1999 年，面对社会无法短期内消化大幅增加的农产品供给的困境，国家提出必须对农业和农村结构进行战略性调整，调整的基本目标和核心问题是增加农民的收入。

在应对特殊时期农业供需矛盾的过程中，形成了以调整农业产业结构为主要手段的转变农业发展方式的思维和政策体系。进入 2014 年，随着我国工业化、城镇化的深入发展，特别是以互联网为代表的信息化对传统产业的整合，以及全社会生态文明意识的增强和国内外农产品市场融合进程的加速，我国农业发展深层次的矛盾和问题已不可调和，具体表现为四大问题：第一是农业产能严重透支，第二是农业生产成本持续性上涨，第三是大宗农产品价格倒挂，第四是特定农产品"黄箱"补贴收窄（国务院发展研究中心，2015）。而此时农业发展方式的转变不仅需要农产品的数量保持增长、品质有所提升，更需要农业从业人员在经营过程中获得发展生产、改善生活的效益红利，因而，必须完善有效率的价格制度、保持对高收益农业投入的供给、拓宽农业投入的来源，使现代农业成为经济发展的源泉（西奥多·舒尔茨）；必须利用农业技术进行变革、选择一条可以有效消除资源条件制约的发展途径（速水佑次郎、弗农·拉坦）。这就需要将转变农业发展方式问题的研究具体化。

二、传统农业与现代农业

从农业经济理论角度进行总结归纳，农业是指人们利用阳光、土地、水、空气等自然资源，依靠生物体自身的发育和转化，并通过投入人的劳动去促进和控制生物体的生命活动过程，以获得人类生产、生活所需要产品的社会物质部门。广义的农业囊括种植业、林业、牧业、副业、渔业五个生产部门，狭义的农业特指种植业。农业是自然再生产和社会再生产交织的过程，不仅受自然规律的约束而且受经济规律的影响，经过原始农业、古代农业、近现代农业三个阶段的发展，这三个阶段的农业统称为传统农业。传统农业在发展过程中形成了以下产业特点：①农业发展受限于水、土、光、气等自然要素的组合，农产品自身可以反映出强烈的地域性和季节性特征，而这些特征也成为决定农产品品质的关键要素；②生产周期相对较长，因而投入农业的资金周转期也相对较长；③农业劳动时间和农产品时间不同步，在农业生产过程中劳动主体地位平等，需要较强的协作性；④流通范围的局限性，由于一般农业产品单位价值低，体积相对较大，易碎易损易变质难储存，使得农产品流通一直以来都是影响农业发展的关键环节；⑤农业生产过程具有较强的外部性特征，减少农业外部排放，增加农业的生态、文化功能，绿色发展农业是现代农业发展演化的重要趋势；⑥农业的基础性地位与弱质性特质的矛盾长期存在，客观上为农业产业政策保护农业、发展农业、服务农业提供了巨大的空间。

现代农业是按生产力水平划分的农业发展的最新阶段，是广泛使用现代科学技术、先进工业产品和科学管理方法的新兴农业体系，现代农业是当前农业转变发展方式的最终目标，本书对转变农业发展方式的研究是基于上述农业经济学对农业所做的基本定义和普遍认知，在此基础上对现代农业内涵的挖掘可以概括为以下四点：

一是站在区域经济发展进程中，三次产业融合的高度看农业，超越第一产业自身的局限；

二是站在城镇化发展特定历史阶段看农民，充分肯定农业主体在农业生产中的主导作用，超越对传统农民在农业中的定位和认知；

三是吸取工业化进程中的经验和教训，肯定技术因素在农业产业发展中的先导作用，将绿色发展和可持续发展作为研究农业的根本出发点；

四是从信息化高度发展背景出发，将互联网思维融入农业经济研究，将互联网作为农业基础设施来研究农业的发展变革。

第七节　农业增长方式、农业发展方式与
转变农业发展方式

农业经济增长方式是经济增长理论影响下产生的概念，广义地看，凡是有助于农业产业数量增长的农业要素组合方式都是农业增长方式，精确地讲，农业增长方式特指农业要素投入、组合和使用的集约方式。

农业发展方式是比农业经济增长方式更为宽泛而深刻的概念，它不仅是农业经济生产活动中单纯数量上的累积和增加，还是突破传统的"数量评价标准"、以全面、协调、可持续作为基准的对农业发展质量的判断，要求产业增加值增长和产业结构优化的同步实现。此外，农业增长方式与农业发展方式也是辩证统一的整体。一方面，农业增长方式是农业发展方式的主体和核心，任何农业产业范围内的结构优化离开了农业长期增长的前提都将没有任何意义；另一方面，农业发展方式的进步和产业结构的优化往往是用数量增长作为量化指标的，因而一般意义上的农业增长方式的划分也就成为了农业发展方式的具体表现。

农业发展方式从名词发展为理论体系的关键在于对农业发展方式内涵的界定和划分，依据国际粮农组织（FAO）的通行标准，农业科技贡献率（Agricultural Science and Technology Contribution Rate）是划分农业发展方式（Agricultural Development Mode）的唯一标准，其中，区域科技贡献率低于40%的农业形式被界定为粗放型（Extensive Form），区域科技贡献率高于60%的农业形式被界定为集约型（Intensive Form），区域科技贡献率处于40%~60%的农业形式被界定为过渡型（Transitional Form）。当前的经济学不能为转变农业发展方式提供一个合理的分析框架，以至于国内现有的研究停留在经验介绍或者政策阐述层面（刘祚祥，2012），基本形式主要有两种类型：第一是年代划分型，从时间序列和区域农业的演进轨迹切入，按发生年限进行划分（蔡昉、危朝安、潘盛洲、叶兴庆等）；第二是要素划分型，在农业现代化的理论体系下，从科技创新、资源使用率、农业人力资本、农业生产性服务业、全要素生产率等某个点进行划分、阐释和建议（贾利、韩晓琴、姜长云、陈锡文等），如依据农业生产投入要素的使用效率将农业发展方式划分为粗放型、集约型、可持续型和知识型（杨雄年，2015）。在国内研究中独树一帜的是依据马克思生产方式理论将农业发展方式划分为三个视角，分别是生产力视角旨在提高农业

综合生产能力与增殖能力、生产方式视角旨在创新生产要素的结合方式、生产关系视角旨在改革束缚农业发展的生产关系（唐思航，2012）。

综合国内外学者关于农业经济学的研究，本书在马克思生产方式理论的基础上进行扩展，梳理农业中的人、自然、农业生产经营组织、政府四大要素，将农业发展方式界定为：农业的生产方式、农业的经营方式和农业的管理方式，转变农业发展方式就是以特定地域的经济发展情况为背景，以当地资源要素禀赋为基础，以共享、协调、可持续为农业发展的根本目标，以产量增长、品质优化、收益提升同步实现为转变的根本原则，着力改变农业的生产方式、经营方式和管理方式，从而最终完成传统农业向现代农业的转变。

转变农业发展方式的基本内涵包括：

一是以农业产业产量增长、品质优化、收益提升同步为根本原则；

二是在资源配置中，市场起决定性作用，以此为基础调整农业结构、推动农业发展；

三是因地制宜，注重产业化和规模化发展；

四是坚持全面、协调和可持续发展，注重农业的生态文化功能，将科技创新、制度创新作为主要的发展途径；

五是坚持以人为本，以农业的本地化和共享化满足人不断发展的多样化需求。

第八节　转变农业发展方式理论的基本框架

一、农业发展方式的主要目标和任务

农业发展方式的选择目标主要是农业可持续发展，其根本任务是实现农业"经济发展、社会和谐、屯垦戍边、生态文明、文化传承"五位一体功能的实现。

二、农业发展方式的主要内容

界定农业发展方式内容的理论基础源于政治经济学中的生产方式理论。生产方式是政治经济学研究的重要范畴，也是研究经济发展的基本思路和方法。广义的生产方式是指人们未获得社会生活所必需的物质资料所采用的方法和方式，包括在生产过程中所形成的人与自然界之间的相互关系和人与人之间的相互关系，

以及两者相互作用的体系。政治经济学中把物质资料生产的人与自然部分称作生产力，包括劳动者、生产工具和劳动对象三个组成部分，其中劳动者是处理人与自然关系的主体，由于劳动者具备一定的生产经验和劳动技能，将以生产工具为主的劳动资料投入到劳动对象之中，从而获得满足基本生活和社会再生产的物质资料；政治经济学中把物质资料生产的社会部分称作生产关系，包括生产资料所有制的形式，人们在生产中的地位和相互关系，产品如何分配三个组成部分，其中生产资料所有制的形式是基础，起决定性作用。政治经济学论证了作用于生产方式中的基本规律，可以总结为以下三点：第一，为了满足人们生活的需要就必须进行生产，生产是社会的生产；第二，生产力决定生产关系，生产关系是生产力的社会形式；第三，生产力总是在一定的生产关系中运动和发展的，发展到一定阶段便与生产关系产生矛盾，就需要新的生产关系取代旧的生产关系，没有永恒的生产关系，生产关系随着生产力的不断变化而变化，生产关系一定要与特定历史阶段的生产力相适应。

农业的发展方式是农业生产经营活动过程中所需要处理的人与自然的关系、人与人的关系及农业与政府的关系。

农业生产方式处理的是人与自然的关系，农业生产主体通过生产工具作用于劳动对象的行为过程和劳动对象的结果，强调的是最终农产品的品质和效益。

农业经营方式处理的是人与人以及人与农业生产经营组织之间的关系，是农业劳动者集体化、组织化的表现，包括如何处理生产资料所有权问题，如何进行产品分配和如何调整组织与个体的关系，强调的是农业生产组织化后的收益，包括农民收入水平层面、农业经营主体层面和特色农产品产业经营层面三个部分。

农业管理方式特指农业生产主体、农业经营主体与政府的关系，包括政府对农业生产经营主体的规划、引导和扶植，强调的是区域农业发展的产业生态。

三、转变农业发展方式的性质及主体划分

我国转变农业发展方式的改革是分类型渐进式的改良，是农业生产经营体制的不断完善。由于我国农业发展历史的特殊原因，20 世纪 70 年代末，为解决农产品短缺问题，调动农民的生产积极性，我国实行了家庭联产承包责任制，所有权归集体，承包经营权归农户，实行了我国农村土地所有权的"两权分离"。进入 21 世纪，随着我国市场经济体制的不断发展和完善，农民对农村土地所有权产生了新的需求，一是明确承包关系的需求，二是流转土地经营权的需求，于是中央按照归属清晰、权能完整、流转顺畅、保护严格的产权制度要求深入推进农村土地所有权制度改革，形成了当前农村土地所有权、承包权、经营权"三权分置"并行的格局。土地产权的特殊形态也就决定了农业生产经营的多样性，也就决定了农业生产经营主体的多元化，进而决定了农业发展方式的转变不是熊彼特创新式的突变，而是不同经营主体农业生产经营行为与结果的辩证统一，是渐进式的不断改良和逐步整合，最终使传统农业向现代农业转变，使现代农业成为经济发展的原动力。

由于"三权分置"的土地产权现状和我国市场经济体制的不断完善，农业产业内部出现了多种类型的经营主体，分别是具有承包权和经营权的农户，保留承包权出让经营权的农户，具有承包权和经营权的家庭农场和种养大户，具有经营权的合作社和企业，专注于生产、流通服务的专业合作社和企业。为了便于研究和数据获取，对分散性的小规模家庭农户不做专门研究，农业生产主体泛指一切农产品的生产者和相关从业者，农业经营主体指适度规模经营的家庭农场和种养大户，组织化的合作社和企业，农业管理主体特指对区域农业引导、扶植和保障的省级政府和县级政府。

四、转变农业发展方式的主要内容

（一）转变农业生产方式

农产品极大丰富的历程是农业技术发展和变革的过程，农业技术的应用提高了农业生产效率从而实现了农产品的增加。就技术因素所产生的效能看，机械技术和生物技术最为明显，机械技术抵消了因劳动供给缺乏弹性所带来的限制，生物技术抵消了因土地供给缺乏弹性而带来的限制，一个国家获得农业生产率和产出迅速增长的能力，取决于对在各种技术途径中进行有效选择的能力，而一条有效消除资源条件限制的发展路径会促进农业的发展和整个经济的发展。当前，在农业生产过程中，主要的技术手段有施用化肥、喷洒农药、铺设农膜、运用农业机械、提高农业灌溉效率等。

我国农产品总供给量的不断提升不同于传统工业部门的产能过剩，是以牺牲生态环境为代价换取的产量增加，是对未来农业产能的提前透支，主要包括以下几个方面：一是超量使用化肥、农药透支的产能；二是土地过载，以水土流失和生态损害透支的产能；三是超采地下水获取的透支的产能；四是利用生物化学技术以牺牲农产品质量透支的产能，农业产能的严重透支违背了可持续发展的基本发展理念，以农业经济效益的获取牺牲了农业多功能性中的社会功能、文化功能、生态功能等。转变农业生产方式就是以可持续发展理论和农业多功能性理论为基础，遵循农业和自然发展的客观规律，在生产环节上实现农产品在数量、质量和收益上的辩证统一。

（二）转变农业经营方式

转变农业经营方式是转变农业发展方式的重心，而转变农业经营方式的关键即农业产业化的发展程度。农业产业化的概念最早见于哈佛大学罗伊·戈德堡所著的 "A Concept of Agribusiness"（1957）一书，Agribusiness 即农业综合企业的意思，是农业的生产、加工、销售等环节的企业形式的有机结合，后来的研究使农业产业化形成特定的概念，Agroindustrialization 具体包含三层含义：一是农业投入、农业加工、农业流通环节的增长；二是农业与农业加工企业之间组织化的变化；三是农业部门产品、技术和市场结构的变动。我国农业产业化一词的定义最早见于《人民日报》在 1995 年 12 月 11 日发表的《论农业产业化》的社论中，随后学术界将农业产业化的定义不断阐释和完善，尽管表述的角度各有不同，但基本核心观点是"以市场为导向，以经济效益为中心，以企业为实体，实现产前、产中、产后的一体化经营"。2014 年，中央农村工作会议提出要大力发展农业产业化，指出要在稳定粮食生产的基础上，积极推进农业结构调整，依靠科技支撑，由"生产导向"向"消费导向"转变，由单纯在耕地上想办法到面向整个国土资源做文章，构建优势区域布局和专业生产格局，加快推进农牧结合，把产业链、价值链等现代产业组织方式引入农业，促进三次产业的融合互动。

农业产业化的快速发展使得农业结构不断优化，业态不断丰富、链条不断延伸，成为了农民增收的重要支撑点，但与此同时，也存在着政策落实不到位、整合度不高、整体竞争力不强、与农民连接机制矛盾突出等问题。转变农业经营方式较农业产业化更为丰富的方法论：第一，农业经营主体包括企业性和合作性的组织两方面，解决了现实中大量存在带有合作性的企业和带有企业性质的合作社的主体位置问题；第二，转变农业经营方式要以区位理论和比较优势理论为指导，发掘区位的比较优势和产品的比较优势，从而增强产业的整体竞争力；第三，当前产业经济发展的最大特征是三次产业的融合和互联网对传统产业的整合，转变农业经营方式就是抓住产业发展的特征促进农业发展，最终落脚到农民绝对收入的增加和生活的改善。

（三）转变农业管理方式

本书所讲的农业发展方式的转变是内生式的变革，内生式发展模式最早见于 1971 年，联合国经济理事会对不发达地区的项目开发提出四点共识：第一，社会大众应该平等地享受社会发展成果；第二，在项目开发过程中应引入居民参与；第三，对进行中的具体行政手段必须加以强化；第四，环境保护要彻底。

1975 年，在联合国总会上，瑞典财团发表的题为"世界的未来"的报告正式提出了内生式发展的概念，即站在个人解放和人类全面发展的角度，发展只能从该社会的内部来推动，包含从内部推动发展、消除绝对贫困、自力更生、保护生态和社会经济结构优化五个方面。此后，学术界不断发展完善的内生式发展理论对转变农业发展方式而言，主要集中于两个问题：第一是转变农业发展方式是内生式的发展，只能从产业内部来推动，即发挥农业生产主体和农业经营主体的主观能动性，转变传统农业分散经营的落后状态；第二是摆正政府的位置，转变政府对农业的管理方式，做好顶层设计，发挥好引导、扶植和保障的功能与作用。

转变农业发展方式离不开战略意图明确的顶层设计，而当前在中央层面涉及农业与农村财政支出的问题分散在发改委、农业部、科技部、教育部、民政部等12 个部委的 16 个司局，形成了各自为政、分工不明、相互推诿的严重矛盾，增加了决策成本、降低了决策效率，对农业发展造成了严重的阻碍。转变农业管理方式就是加快"服务型政府"转变的速度，提升政府部门对农业生产主体和农业经营主体规划、管理和扶植的能力，让农业生产经营主体充分发育，形成以市场为导向的良性竞争局面，最终形成良好的农业产业生态。

兵团农业管理方式取决于团场管理体制，团场管理体制决定农业经营方式，进而影响其生产方式。因此，兵团农业发展方式转变的根源在于团场管理体制的改革和创新。兵团农业发展方式转型的实质在于提高农业发展质量，即通过科技进步和创新，在优化结构、提高效益和降低能耗、保护环境的基础上，实现"五位一体"多功能协调发展。

本书的理论框架如图 2－1 所示。

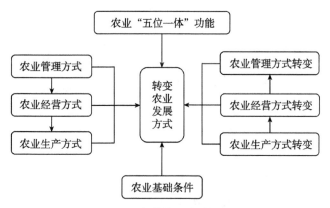

图 2－1　本书的理论分析框架

第三章　兵团特殊体制下现代农业发展方式分析与现状解析

第一节　兵团现代农业发展现状

兵团自"十二五"以来加快推进现代农业建设，兵团已实现农业现代化建设的重大突破，农业调整实现重大突破，经营管理水平显著提高，社会化服务体系及市场体系逐步完善，可持续发展水平明显提升，现代农业示范引领作用明显增强。

一、农业生产方式逐步调整

（一）农业结构调整实现重大突破

"十二五"以来，兵团农业结构始终贯彻"稳粮、优棉、精果、强畜"方针来进行农业结构调整，逐步实现以传统种植业为主的农业结构转向"种植业、林果业、畜牧业"三足鼎立的态势，"十二五"期末种植业占农业总产值的比重将下降至40%，林果业和畜牧业将接近60%，农业结构实现重大突破。在种植业内部，稳定粮食生产为基础的同时，加快粮经饲三元种植结构调整快速推广已是重中之重。为使棉花生产优势区域效果显著突出，依据棉花生产提质增效的原则要求，调减次宜棉区和低产棉田百万亩以上。特色园艺业在实现精果的方针要求下，形成南疆以红枣为主、北疆以葡萄为主，果品商品率高达85%以上的特色干鲜果品生产基地。进一步优化畜牧业畜种畜群结构，加快奶牛、生猪、牛羊肉主产区优势地位进一步集中，种养加一体化优势水平显著提升。

（二）三大科技示范基地建设初见成效

"十二五"期间，兵团继续加强农田水利建设，持续开展农业优良新品种的选育引进和农业高新科技的推广普及应用，全国节水示范基地、现代农业示范基地和农业机械化推广基地"三大"基地建设初见成效。

兵团坚持用现代农业生产方式、高端科学技术、企业化管理模式组织农业生产和经营，农业科学技术的试验、扩大、应用和技术的到位率均处于全国领先地位，农业科学技术从试验到应用已实现工厂化链条，兵团特殊体制的优势有利于大面积推广农业高新科学技术，兵团精准农业和十大农业主体技术示范推广面积2000多万亩，年均开展科技培训职工60多万人，对提高农业生产水平有明显的促进作用。兵团农业科技进步贡献率逐年上升，"十二五"期末已达到60%，处于国内领先水平。已建成标准化农机库区80个，农机耕种收入综合机械化率达到93%。阿拉尔和五家渠两个国家级现代农业示范区的农业现代化水平已接近完全实现，8团等20个兵团现代农业示范团场的农业现代化建设水平快速提升，已达到农业现代化基本实现阶段的中后期水平。创建国家级标准园21个，建成标准园面积137万亩，占果园面积的44%。农工比重在农业产业化组织带动下达到85%。"三品一标"认证面积650万亩，其中259个产品荣获"三品一标"认证，在例行质量检测中，农产品总体合格率高达97%。

兵团节水技术在全国范围内处于领先水平，例如，自主研发的"膜下滴灌"技术不但在全国大范围内得到推广，而且向18个国家和地区进行输出。兵团农业现代化步伐在智能化、信息化等先进技术和手段的不断更新下发展得愈加稳健。以农业激光平地作业、飞机航化作业、GPS定位作业为手段，充分运用在创意农业、精准农业、生态农业建设当中，充分发挥其智能化、信息化作用。兵团多种作物的机械化生产程度已超过85%，其中尤以棉花、油料、玉米、番茄、小麦、水稻等多种农作物的机械化程度显著提升。精准播种、精准施肥、精准灌溉率达70%。新疆兵团正在蓬勃兴起一种被称为"精准农业"的新型耕作方式。棉田具体的浇水量与施肥量也由过去的不可知变可知，均能方便查询。例如，农一师3团作为科技示范团，通过气象观测装置的设备安装，温度、风向、风速、蒸发量、日照辐射量等数据均可自动采集与记录，随即测定土壤水分和养分的具体含量，并以此数据建立计算机模型，种植者在指导下根据需要浇水或施肥。在该模式的指导下，可实现节水达50%、节肥达40%、增产达30%的具体目标；棉花播种全部采用精播机，每穴只播1粒种子，可实现棉苗长势得以整齐、健壮、均匀地生长，在节约大量人力、物力的同时，节省种子成本。

"十二五"以来，兵团进一步完善农业技术推广体系、动植物疫病防控体系、农业防灾减灾体系建设，服务水平和防灾减灾能力均有提升。农产品认证、监管和检验检测体系及质量追溯体系基本建立，建设了"兵团农产品质量安全监督检验中心"，建设了 13 个师级质检站，44 个团级质检站，基本形成以兵团农产品质检中心为龙头，师级质检机构为骨干，重点团场质检站为基础的兵、师、团三级质检体系。农产品储藏、保鲜设施和营销网络得以进一步完善。大宗农资（专业化公司）统一采供比重达到 85%，农业信息平台覆盖率达到 100%，农业科技满意服务度达到 65%。

（三）优势产业带建设初具规模

近五年来，兵团不断发展，以棉、粮、果、畜产业为主的优势主产区已初步形成；形成南疆兵团团场以红枣为主、北疆兵团团场以葡萄为主的特色干鲜果品生产基地，同时以生猪、奶牛、牛羊肉等特色产品为主的优势主产区得以形成建立。

兵团根据资源禀赋、区位特点和比较优势，在"十二五"规划提出农业发展重点在天山北坡、塔里木盆地周边、塔额盆地—北屯、吐哈盆地形成粮食、棉花、奶牛、肉牛肉羊、干杂果、葡萄、设施农业等 8 个规模化经营、专业化生产、区域特色明显、市场相对稳定的优势产业带。经过五年的发展，目前 8 个产业带建设总体上已粗具规模，兵团粮食生产重点团场建设、优质棉基地建设、规模化奶牛和规模化肉牛肉羊养殖基地建设方兴未艾，新建的枣园和葡萄园已进入果品丰产年景，经济效益可观，设施农业建设也正处于发展的最好时期。

（四）优势农产品基地建设稳步推进

兵团各级党政坚持确保粮食生产的绝对安全，对粮食生产重点团场集中政策、资金等各项扶持政策，优先保证粮食生产重点团场发展粮食生产，各师整体呈现出高产田、超高产田较往年明显增加态势。随着棉花目标价格试点政策的推进，兵团已有百万亩风险棉区退出棉花生产，同时，保证优势棉花产区稳定发展棉花生产。第一师依托阿拉尔红枣节，做优做强红枣产业，阿拉尔已建成全国最大的红枣现货交易市场。四师、六师、九师和十师积极推进肉牛、肉羊基地建设，七师、八师、十二师优质奶牛基地建设步伐加快，兵团主要农产品优势基地建设成效明显。

"发挥组织化优势提升基地规模化、标准化建设水平。通过全力打造农产品优势产区"，目前兵团已经建成了产能百万吨以上的优质棉花生产基地、200 万吨以上粮食生产基地、近 500 万吨的加工番茄生产基地。农五师重点打造 6 万亩"北疆"红提葡萄基地，已建成全国最大的鲜食葡萄生产基地，同时率先在全国建立鲜果信息化管理系统，使"北疆"红提成为了全国果品行业首家实现产品质量追溯的产品。农八师形成了 14 万吨优质奶源基地、15 万亩葡萄基地、13 万亩加工番茄种植基地等优势农产品生产基地。各地普遍重视围绕龙头企业建设标准化原料基地，农四师特色农产品基地面积达到155万亩，基地提供原料已占龙头企业所需原料的85%以上。农六师依托新中基酱用番茄制品公司，发展番茄标准化种植5万多亩。

农产品基地呈现出规模化壮大，以优势企业做牵头作用，发展出一批畜牧业、果蔬加工业、葡萄酒产业等与主导产业相匹配的特有产品基地。数据显示现已有591万亩的生产基地，畜牧头数达69万头。综观整体情况，一师、三师和六师、七师、八师形成的南北疆棉花基地，十三师的果蔬基地，二师的香梨基地已经成为兵团农业产业化经营的名牌。其中，以一师的新农开发公司为典范，显性或隐性地创造了当地2万余名农户就业，受众群体多达5万人，开创了兵团乃至整个自治区的经营新篇章。再有以新天国际股份公司投资建设的亚洲最大优质葡萄生产基地，规模达15万亩；40万亩的番茄原料生产基地由中基公司开发建设，基地累计引领13万种植户增收致富，显然已成为"金龙头企业"为兵团农业添色增彩。

二、农业经营机制逐渐放开

兵团是党政军企合一的特殊社会组织，团场作为兵团履行屯垦戍边使命的基础和主要载体，既是经济实体，又是社会实体、准军事实体。团场以第一产业为主体，第二、第三产业全面发展。因此，团场的基本经营制度就是以职工家庭承包经营为基础，统分结合的双层经营体制。其内涵主要体现为四句话，即"土地承包经营、产权明晰到户、产品订单收购、农资集中采供"。从而进一步明确了团场和职工两个经营主体地位，实行有统有分，统分结合，发挥两个经营主体的积极性和创造性。其中，职工家庭经营是双层经营体制的基础，主要体现在生产管理环节上。没有职工家庭经营，土地承包经营和产权明晰到户就难以落到实处，双层经营体制就无法确立。团场统一经营是发挥双层经营体制综合效益的重要保证，主要体现在管理和服务环节上，没有团场的统一经营，产品订单收购和农资集中采供就难以实现，就不能按照市场原则为职工家庭经营提供有效的管理和统一的社会化服务，职工家庭经营的效果也就难以在市场中得到体现。这与以往计划经济的一统到底、行政垄断经营有着本质区别。因此，团场基本经营制度必须同时发挥好职工家庭和团场两个经营主体的积极性和创造性，既要适应农业生产的普遍性要求，又要遵循市场经济的客观规律，还要有利于发挥兵团大农业和组织化程度高的优势。兵团农业在确立以职工承包为基础，公司化经营模式为辅，多种经营形式为载体的统分结合的基本经营机制的前提下，建立完善规模化生产、集约化经营、社会化服务、市场化管理的生产组织模式。发展适度规模经营，引导富余劳动力转移和土地承包经营权有序流转，使土地相对集中。发展联户经营、职工家庭农场、合作经营组织和公司经营。对非大宗农产品的生产加工要突出分散经营，鼓励职工兴办专业合作和股份合作等多元化、多类型合作组织。而对大宗农产品的生产加工要突出"统"的意义，发挥团场组织优势、服务优势和加工销售优势，将规模大、产业链长、附加值高、市场风险大、国家管控的重点农业生产、加工、销售及服务交由团场农业经营公司统一经营，提高团场农业综合生产能力和市场竞争力。

三、农业经营模式逐渐多样

"家庭农场 + 农工"的经营方式使无地农工有了相对稳定的农业收益，农业合作社已广泛应用于种植业、畜牧业、农机服务行业中。农业企业是顺应改革和市场需求应运而生的，按照"企业订单 + 基地生产 + 合同收购"的模式从事农业经营，兵团已有疆南牧业、西部牧业、天康公司等具有一定规模的农业企业近百个，其数量虽然不多，但生产经营规模、市场竞争优势和市场占有份额占有率明显高于农业合作社。兵团近年来加大扶持农产品加工企业和农业产业化龙头企业发展，"十一五"期末兵团农产品加工产值比仅为 0.49，短短五年内，兵团农产品加工产值以年均 20% 以上的增速迅速提升，2015 年，兵团农产品加工产值比已提升到 0.85∶1。数量上，在政策资金的扶持下，兵团农副产品加工企业数量增长 50%，产值增长超过 2 倍。农业企业集团建设已见雏形。兵团"十二五"规划中提出建设棉业集团、乳业集团、肉制品集团、农资集团、农机装备集团等"八大集团"，做优做强国家级和兵团级重点龙头企业，推进主导产业集群集聚发展。当前，兵团已成功组建兵团果业集团、机械化收获集团、乳业集团、农资集团、肉类集团五大集团，以中基公司为龙头成立了番茄行业协会，棉花集团、种业集团正在筹备推进。兵团加大资金扶持力度，农业产业化扶持资金较前十年增长了 3 倍，具体用于扶持重点龙头企业基地建设、不断扩大产能、技改挖潜、提高开工率、研发新产品、拓展产业链。农业产业化是以市场为导向，以经济效益为中心，以主导产业、产品为重点，优化组合各种生产要素，形成种养加工、产供销、贸工农、农工商、农科教一体化经营体系的现代化经营方式和产业组织形式。其本质是指对传统农业的技术改造，不断推动农业科技进步的过程。截至2015 年底，兵团已拥有各级农业产业化龙头企业 477 个，其中国家级重点龙头企业 15 家，兵团级重点龙头企业 92 家，销售收入超过 100 亿元的农业龙头企业 2 家，超 30 亿元的农业龙头企业 3 家，超 10 亿元的农业龙头企业 18 家。现已建成 2 个国家级农业产业化示范基地，4 个国家级现代农业示范区，23 个国家级无公害农产品示范基地和国家级农业标准化示范农场，31 个全国"一村一品"示范团场。

（1）兵团农业产业化起步时间虽然相较其他地区较晚，但正以快速的发展奋勇前行。第十个五年计划以来，已凸显出喜人的成绩。根据兵团农业产业化领导小组办公室对外公布的数据，已有 29 家兵团农业产业化的重点企业，其中，6 家国家级上市龙头企业，3 家兵团级上市龙头企业。重点龙头农业企业社会化资产 115 亿元，创造就业人数 4.3 万人，辐射兵团自身以及外域农户 40.66 万户；通过自身产业化经营年销售收入额 250 亿元，累计盈利 7.68 亿元，创造外汇 5 亿美元，充分体现了以经济驱动农工户收入增长，纯收入新增 1730 元，实现了龙头企业的引领作用。

（2）龙头企业凸显带动作用。激烈的市场竞争中，兵团农业产业龙头企业规模化壮大使其市场保有率显著增长，涌现出一批世界级企业。以中基公司为代表，其农业产业中拥有兵团 71.4% 的番茄加工能力；11 家万吨番茄制品生产厂家；40 万亩优质品种种植基地；180 万吨以上的原料加工量；产品出口率达到 98%。成为兵团多维度生产规模的示范性企业。在生产规模、技术创新、产业推动、企业口碑等方面深得称赞，"ChalkiS"牌的番茄制品远销欧美等发达国家，成为国际化品牌。棉花作为兵团的主要种植品，企业品牌优势已经形成，全国 5 强中，兵团占据 3 席，兵团"锦"牌棉花长期占据榜首位置。葡萄酒产业中的"新天"品牌年生产 11 万吨，位列同产业前五；一些品牌如"新农"棉花、"艾丽曼"香梨、"北疆"鲜食葡萄已畅销疆内外，走向海外。

（3）显著的农业产业化推动效益。兵团农业产业化结构不断优化，延长了产业链，增强了市场影响力。以天康生物、冠农国茸/伊力特股份等 8 家国家级龙头企业和 21 家兵团级龙头企业为首，形成联动性推动作用。例如，新疆葡萄酒酿造产业快速发展就是由拥有亚洲最大的 15 万亩酿酒基地的新天国际葡萄酒公司所推动的；新疆冠农果茸集团以股份合作制的方式，建立起一套产销结合/贸工农一体的产业链，引导 7200 余户的香梨种植户和马鹿饲养户进行生产，形成了香梨 6 万吨的产量和马鹿 2 万头的产业规模。

四、农业公司经营

到 2015 年初，兵团团场农业公司共有 116 家，就业人员超过 3800 万人，比上年年末增加了近 400 万人；全年营业收入 247608 万元，比上年增长 47.7%，同时实现利润总额 16047 万元，比上年增长了 7000 多万元的利润；对于公司劳动人员来说，劳动者报酬也从 2014 年初的 14455 万元提高至 16479 万元，总体增幅达到 14%。都说明了团场农业公司的整体经营规模都有所提升。

第二节　兵团现代农业发展困境

一、农业生产方式粗放，企业自主创新能力不强

农业生产方式粗放的状况尚未根本转变，增长仍然以外延扩张为主，企业自主创新和自我发展能力不强。农业生产方式是人们进行农业生产经营活动过程中所需要处理的人与自然的关系。农业生产方式的主体泛指一切农产品的生产者和相关从业者，就区域的农业发展方式体系而言，强调的是农业生产主体通过生产工具作用于劳动对象的行为过程和劳动对象的结果，包括农产品、农业结构、农业生产要素、农业生产模式等方面。当前，我国农业生产方式的主要问题是对未来农业产能的提前透支，转变农业生产方式就是遵循农业和自然发展的客观规律，选择适宜农业生产模式和农业生产要素投入。实现以农业多功能性为目标。

本书中农业生产方式发展阶段的确定主要从农业生产科技投入要素角度出发，以农业科技贡献率指标划分农业生产方式：科技贡献率在 40% 以下为粗放式生产方式，在 40%~60% 为转型期间，60% 以上为集约式生产方式。

利用柯布—道格拉斯生产函数评价科技投入对经济增长的贡献。这一生产函数把经济产出看成是诸投入要素（科技、资金、劳力）的函数。一般表达式为：$Y = AK^{\alpha}L^{\beta}$；式中，Y 为国内生产总值；K 为资金投入量；L 为劳动力投入量；A 为某时期的科技水平。通过对该式进行全微分运算，可以从增长速度的角度来考察科技、资金、劳力投入与总产出的关系。增长速度方程为 $y = a + \alpha k + \beta l$，科技进步增长速度方程为 $a = y - \alpha k - \beta l$，式中，$y$ 为国民经济年平均增长速度；a、k、l 分别为科技、资金、劳力的年平均增长速度；α、β 分别为资金和劳动力投入对总产出的弹性。科技进步贡献率 $= a/y = 100\% - \alpha \cdot k/y - \beta \cdot l/y$。科技进步贡献率是一段时期的指标，最少 5 年。

其中，关于产出量 Y 的确定：在计算科技进步贡献率时，最普遍的做法是将

可比价农业增加值作为经济产出量 Y。运用几何平均法计算其平均增长发展速度 y。关于资本投入量 K 的确定：用全社会固定资本投资，运用几何平均法计算其平均增长发展速度 k。关于劳动投入 L 的确定：对于劳动投入量的确定，使用年末在岗职工人数的获取比较简单，运用几何平均法计算其平均增长发展速度 l。关于耕地投入 M：对于劳动投入量的确定，使用年末在岗职工人数的获取比较简单，运用几何平均法计算其平均增长发展速度 m。关于模型参数 α、β 的确定：农业作为兵团的重要产业。为了能够更准确地反映科技对第一产业的贡献，笔者在计算科技进步的贡献率时，又引扩了耕地的增长率。在测算资本弹性系数 α、劳动产出弹性系数 β 和耕地的弹性系数 γ 时，笔者参考了国内外大量文献资料后，最终采用"经验确定 α、β 值的方法"（史清琪、秦宝庭，1984），并确定中国的 α = 0.6、β = 0.2、γ = 0.2。并代入索洛余值法，对兵团 1990 ~ 2015 年的农业科技进步贡献率进行测算。

从表 3 - 1 中可看出，从 2001 年以后，兵团农业已进入向集约生产方式转型期。还未完全达到集约型生产方式。兵团的农业现代化阶段起步较晚，经济发展落后，资源禀赋较差，尤其要在兵团集中优势资源的前提下，通过政策引导发挥区域比较优势，不断提升兵团农业生产的集中度。兵团大农业优势，主要依靠传统的种植业与养殖业，其生产技术所需的现代化水平较高，然与之密切相关的产品市场化、专业化、产业化、商品化方面的发展则明显不足，农业发展、农工增收在市场供给与需求的变化及价格波动的变化影响下受到严重影响。同时，农业现代化滞后的问题在工业化、城镇化的快速发展过程中，表现出许多根深蒂固的深层次矛盾。未来，如何快速提供农产品的有效供给，实现团场职工收入增收仍需各级共同努力。

表 3 - 1 不同时期的农业科技贡献率

时期	年份	总产出年均增长率（%）(y)	资本年均增长率（%）(k)	就业人数年均增长率（%）(l)	耕地年均增长率（%）(m)	科技进步贡献率（%）
"八五"期间	1991 ~ 1995	8.2	9.6	2.1	0.13	30.91
"九五"期间	1996 ~ 2000	8.0	10.2	5.4	1.82	29.45
"十五"期间	2001 ~ 2005	16.40	6.40	4.6	1.47	46.98
"十二五"期间	2011 ~ 2015	16	12.3	1.1	1.6	51.6

目前，兵团农业的基础生产设施建设虽已日趋完善，但难免仍有一些问题存

在。资金投入不及时，以及对基础生产设施建设问题重视度不足等相关问题造成部分团场的农田水利技术设施配备不健全，节水灌溉设施相对较弱，以至于有些团场仍然存在中低产量的农田，多数团场的良种繁育体系、病虫害测报预警控制体系、测土配方施肥体系等相关设施设备依旧尚不健全。具体表现为以下几方面：

（1）技术标准的不适造成规模化，标准化种植和养殖的问题激增。服务性农业产业发展的不均衡，造成兵团农业劳动力转移作用不强。对于团场职工增收的多元化发展，兵团尚未形成有效的稳定份额的产业。

（2）现有农产品中的绿色产品/品种数量缺失，主要问题集中在化学农药、化学肥料施用不科学。原因在于未能在团场职工中宣传好绿色生产观念，从思想上对于绿色生产的观念薄弱，导致未能形成规模化，品牌竞争绝对优势，与主流市场需求不匹配，因此经济效益上不来。

（3）科技含量在现有农产品体现不明显。着眼疆内的农业生产投入和产出，技术的运用情况兵团处于区域内的领先水平。但扩大视野，兵团相较于其他地区其农产品的科技含量还较低级，特别体现在深加工环节。兵团农产品的市场竞争力不强是因为种植业产品和畜牧业产品的附加值跟不上而导致的。

兵团农业和农场经济的新时代从 20 世纪 90 年代末起步，直至当今农业仍然受到资源和市场的双重制约。水资源问题、需求的刚性增长让兵团农产品的供求格局长期处于不平衡状态，受制于国内外价格波动，兵团畜牧产品也深受影响。外部环境中，国际金融危机的冲击导致农业生产成本上升，以至于棉花在国际市场中受到较为强烈的冲击，酱用番茄出口受阻。兵团现有耕地资源、水资源日趋紧张，农业用地与农业劳动力以及农业用水等之间的关系出现明显矛盾，也同时存在着农产品产量过剩与优质产品数量较低问题。

（4）劳动力投入不足。表 3 - 2 中的数据显示，兵团团场在岗职工人数维持在 28% 左右，兵团各师的比例也基本上保持在此水平，但数据内在却反映出兵团职工人数的稳定性还需改善。八师和十二师在农业在岗职工平均工资水平上处于领先地位，但其他师却都处于平均水平以下。例如，以判断职工获取自由发展的程度，通过职工需求满足率为感觉需求得到满足的人数/所有职工数 × 100% 来计算，调查七师奎屯市 131 团得出 50% 的满足度，参照此数值衡量兵团职工基本需求满足率水平较低。此水平为北疆地区核心团场测算数值，倘若调查南疆边境团场或沙漠边缘型团场，此数值则会大幅度下降。因此，有关于解决职工满足度的问题任重道远。

表 3 - 2　2014 年案例团场所在师总人数、团场人数、在岗职工数及
平均工资、一产从业人数情况

	总人数 （人）	团场人数 （人）	在岗职工人数 （人）	在岗职工数 占比情况（%）	一产从业人数 （人）	一产在岗职工 平均工资（元）
兵团	248	177.7464	71.6373	28.89	38.2576	39684
一师	27.55	19.0096	7.5020	27.23	4.1322	36960
七师	21.81	16.2947	4.5692	20.95	2.7571	37807
八师	64.16	28.7029	14.9772	23.34	5.9606	54864
九师	7.10	5.4111	2.3442	27.18	1.7443	22198
十二师	5.46	7.7354	2.5755	47.17	1.0240	42925

资料来源：依据《兵团统计年鉴（2015）》资料汇总所得。

二、经济结构难以适应农业发展阶段性需求

兵团依靠棉花发展农业经济近 40 年来，虽然农业占生产总值的比重由"三分天下有其一"调整为 1/4 比重，但"一花独放"的格局尚未从根本上得到改变，尤其是百余个植棉团场已经熟悉和习惯于棉花经营。结构调整落实到次宜棉团场，一时还难以筛选出可以替代棉花的大面积经济作物，而且随着国家棉花目标价格改革的逐步推进，棉花收获价格与国际市场价格的差距将逐步缩小，植棉的利润空间会进一步压缩。在改革的进程中，积极稳妥地推进农业经济结构调整仍需一个过程。

三、农产品质量亟待提高

尽管兵团已形成了各具特色的农产品种植区域，但各地的农产品仍属大规模的粗放式经营，农业产业化的经营管理思维还没有从农产品的数量优势转向注重优质化和多样化，还没有从主要追求产量转到在保持总量平衡的基础上更加突出质量和效益，还没有把农业产业化经营作为提升农业现代化水平、带动农业结构调整的重大措施，没有着力培养一批规模大、起点高、带动能力强的龙头企业和名牌产品，还没有调整逐步建立适应全面建成小康社会要求的合理的农业产业结构，为兵团农业经济发展开拓新的发展空间，推动兵团农业的现代化发展。

第三节 农业经营方式产生制约

一、新型经营主体培育不足

现有家庭承包经营方式需要确立其主体地位。但现有情况反映出来较多的小型农户在主体数量多、规模化程度小、生产方式同质化等方面存在较大问题。这些问题难以支撑农业生产的健康持续性。特别是在应对市场风险方面，单个规模较小的资金薄弱的农户很难应对，容易被风险冲击至损，现代农业发展受到很大的制约。

二、产业化经营亟须协调完善

兵团支柱性农业产业受制于龙头企业数量，难以形成产业集聚化，产业经营水平普遍较低，农业产业链中相关利益链接较差，难以形成现代化集群农业产业。"生产—检测—冷藏初加工—市场"或"生产—抽检—市场"产业链模式较多地存在于兵团农产品产业当中，此种模式在实际运用当中缺乏深加工与相关配套措施，整体产业链发展较短，产品价值深度缺失，大大地削弱了兵团农产品市场的优势性，对于农产品的市场流通与贸易出口造成了极大的障碍，影响了其市场竞争中的控制力和集中度。

"农户＋公司"的产业连接机制难以调和利益之间的博弈，市场的诉求难以在农户生产中得到体现，如棉农只注重衣分率和产量，这是农户选择品种和栽培模式的唯一依据，但却严重忽视了棉纺企业更注重棉花内在品质的现实，这种低商品率，不仅严重制约着农户收入增加的可持续性，也对产业的安全造成了极大隐患，"农户＋公司"的模式在利益博弈当中易造成失衡，农户很难接收到市场信息对于产品的反馈。例如，棉农只重视产量，在生产过程中单纯地在乎品种与规模发展，却忽视了品质的优势特点，违背了公司企业对产品品质的要求，产品的低质率严重制约了农户收入的稳定性和发展前景，产业生产过程中充实着大量的潜在隐患。这迫切需要加强市场机制在农业生产中的作用。这对兵团特色农产品的可持续发展与经营管理非常不利。

同时，受制于地缘因素、自然条件等因素，表现在"南北疆""核心边境"

团场之间出现了较大的分化，优势较好的地方远远领先于其他地区，协同协调发展难以实现，差距越发明显，在农业产业布局上出现了较大的困惑。

三、农业合作社亟须规整

农业合作社在农业生产中发挥的作用不显著、水平低。虽说现有很多合作组织，但其实际效应未能充分展现，依旧在传统模式下进行运作。组织结构的紧密度、治理的规范性、产权的明晰问题亟待解决。

据调查，多数的合作组织依然还是着眼于灌输性质的指导，仅仅在技术培训、生产物资的提供、组织销售和信息扩散方面进行低端服务，高端性的标准化生产、深加工指导和先进的销售网络方面却未能涉及。多数龙头企业仅着眼于当前发展，未能做到未雨绸缪，企业风险管理制度的缺失直接反映在农户的利益损害，农户成为风险终端最大的损害者。另外，企业有效公积金累计不多，没有充足的担保功能，单一的服务体系未能有效地发挥和促进带动作用。

四、农业公司亟须改组

兵团在"十一五"初期提出构建农业八大集团，时隔五年农业产业化和集团化道路走得并不平坦，受市场购买力下降、主要农产品供过于求、地方保护、小诸侯经济等主客观因素影响，除乳业集团、果业集团初见雏形外，其余六大集团还面临着改革、改组、改制等多方困难和挑战。

（一）与农户之间联系基础相对薄弱

通过对有效回答"与农户联结方式"问题的公司调查显示，以具体订单方式加强与农户联结比重为54%；通过签订合同的方式确定联结关系所占比例为44%；剩余公司则多采用其他方式加强联结。而从交易方式来看，仍有54.5%的问卷调查结果显示采用现金交易方式。由此调研结果显示，通过较为简单的现金交易方式与农户加强利益联结，是目前兵团团场大多数农业公司采取的主要方式。交易双方联系较少，关系松散，合作方式更为单一粗浅，具体实践中缺乏统一协调机制，合作双方信任基础较为薄弱，紧密型深层次的连接关系无法真正实现。因此，农业公司的深入发展在一定程度上受到了较大影响。

（二）农产品加工深度普遍偏低

农产品附加值水平高低以及产业链的发展长短，一定程度上是由农产品的加工深度决定。在所有被调查的公司中发现，通过简单分类处理就进行销售的公司占28.9%，39.3%的公司则通过对产品进行粗加工之后开始销售，另有31.8%

的公司选择精加工之后再进行销售环节。由此可见，简单分拣或对产品进行粗加工的方式颇受大部分公司信赖，导致此现象的原因很大程度上是缺乏先进技术，加工水平有限，一部分公司没有足够的资金学习和购买先进技术，因此，农产品加工深度的改善无法真正实现。

（三）自主研发水平较低

公司创新能力的高低决定公司的发展水平，而具体创新能力的体现则是公司自主研发能力的高低。据国家统计局的一份报告显示，目前，我国大多数企业用于新产品研发技术的资金投入占总投入比重为24%左右。如表3-3所示，48.7%的团场农业公司用于基础研发的资金投入比重在当年总支出中的比例为10%以下。由此不难看出，大多数兵团团场农业公司对企业研发技术创新认识不足，用于基础研发的资金投入整体水平较低，且一部分公司达不到国家平均投入水平。由于地区经济发展水平差异较大，公司自身资本积累有限，同时产品自主研发成本过高，周期较长，导致企业自主创新意识薄弱，大多数公司只能依靠政府扶持、银行贷款等手段短暂维持产品研发投入，因此大多数企业研发水平有限，创新能力不足，差距较大。

表3-3　基础研发投入占总支出比重　　　　　　　　单位：%

研发支出比重	比例
10 以下	48.7
10 ~ 20	41
20 ~ 30	10.3

（四）管理者市场把握能力不佳

现代先进的公司运营和未来发展都需要与之相匹配的管理者，兵团控股形式存在于大部分兵团公司当中，行政手段的干涉对公司经营方式存在着较大的影响，经营理念和文化长期处于粗犷状态，缺乏长远考虑。管理者的惰性导致公司的经营与市场要求存在拖拉，市场竞争的极速性、激烈性将经营差距越拉越大。为了更好地解决问题，需要管理者提高观念，积极地应对市场经济环境的变化，不能再坐以待毙。根据调查发现，有关于公司管理问题的内容主要集中于管理方式落后（23.7%）、经营水平有待提高（24.7%）、生产管理松散（12.4%）。公司市场方面面临的主要问题是行业竞争激烈（27.2%）、销售困难（22.3%）、行政干预过多（22.2%）。

总结起来，管理者如果未能很好地把握环境中的信息没有获取信息的渠道，极易丧失良好的机遇，甚至对公司经营造成不可估量的损失，对所生产的产品造成进入市场的人为阻碍。如图 3-1、图 3-2 所示。

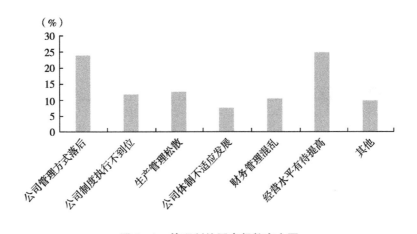

图 3-1　管理制约因素频数直方图

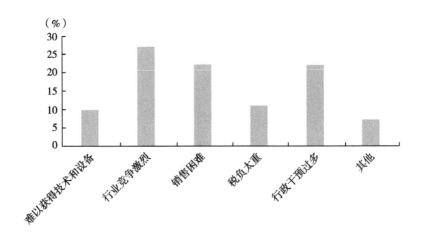

图 3-2　市场制约因素频数直方图

（五）专业销售与研发人才短缺

技能人才也是保证公司企业经营绩效的重点。在被调查的公司当中，专业技术人员、销售人员、一般生产员工的比例分别为 29%、26%、28%（见表 3-4），位列公司紧缺人才的前三。在专业人才方面则体现出缺乏高素质产品销售人才（28.2%）、缺乏有能力的经营管理人才（19.8%）、缺乏专业技术人员（30%）、员工素质有待改善（20%）、其他（2%）（见图3-3）。因此通过数据可以明显看出农业公司中相关专业人才的缺失是公司发展中的主要瓶颈。

表3-4 兵团团场农业公司紧缺人才

最紧缺人才	比例（%）	最紧缺人才	比例（%）
财务人员	6	专业技术人员	29
人力资源管理人员	8	一般生产员工	28
营销人员	26	其他	3

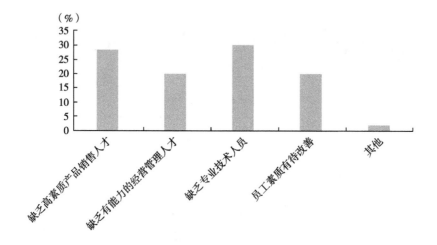

图3-3 人才制约因素频数直方图

季节阶段性人才需求是农业公司人才招募的主要特征，因而在日常兵团农业公司中选择性地招聘团场赋闲职工，一是对于职工收入有所帮助，二是解决自身用人问题。此种方法看似是一种双赢举措，但农业公司普适性薪水待遇较低，无法招募专业销售人员和高质研发人员，人员招聘的多元化无法实现。从现状来看，兵团农业公司半数以上落地于团场地区，与城市存在较远的交通距离，不能提供与城市相匹配的生活条件。另外，很多公司的激励制度不完备，员工的工作积极性不高。多数团场农业公司还在利用传统的人才招聘方式，29%的人才来源渠道还是通过人才市场、中介公司以及高校招聘方式进行，渠道未能突破于此，受限较多。

（六）信息系统使用率不高

信息通畅会使公司日常管理成本降低，建立高效的信息系统会实现公司在供应商、运输商、产品服务商、顾客及网上银行等多元素上促成完备的信息链。在人力、物力和财力方面使公司经营事半功倍，大大地降低了时间管理成本，并随之提升公司管理者对公司销售情况的熟知程度。在所调查的兵团公司中，还存在59%的公司未能开展电子商务模式；37%的公司处于完全没有信息系统。在建立信息系统的公司当中，绝大多数只用于公司财务，其他公司业务方面未能采用。44%的公司认为信息系统建立受制于环境、资金、技术、人才与维护成本因素，大多数公司只能通过营业实现收入利润，如果再投资于此系统，未免显得性价比不高，得不偿失。但相对来说，若公司通过对 SCM、ERP、CRM 等主要系统的使用，组建一个协同系统反而更好地建立起一套现代化管理方式，方可使企业内部以及产业相关主题之间进行协同作业，更好地提升竞争力。

（七）宣传途径过于传统，品牌建设较差

在调查报告当中，兵团公司的品牌化率已经达到80%，表面上看数据喜人但实则令人担忧。疆内品牌占据主要地位，其品牌水平并不高，难以放到国内甚至国外进行对比，国内外品牌占比调查数据显示仅有 37.23% 和 4.16%。虽说较以往已经有了创立品牌意识，但后期实际品牌效益、竞争力不高，叫得响叫得亮的品牌不多。调查发现，28%的公司实施了品牌发展战略，比例显示出兵团农业公司整体品牌形象树立得不好。外在的市场压力逐步加剧，更会造成品牌走不出去阻碍发展。

传统的品牌宣传方式还根深蒂固于兵团农业公司当中，通过报纸广告和现场促销以及展览展示等传统方式，分别占比15%、17%、28%。新媒体的宣传方式仍未能很好地利用在品牌宣传当中，知名度首先导致销量的降低是显然的。60%的公司产品没有涉及出口贸易，管理者的文化素质低导致公司受限于长远发展与品牌规划，决策判断的不准确性会造成产品竞争力的弱化。

（八）相关政策理解不足，聚合效应难以形成

任何一个国家政策的制定和出台都要经过长期和复杂的过程，而公司的发展离不开国家对经济的调控，实则国家政策制定周期的滞后性往往给公司经营造成一定的决策盲区，很大程度上限制了公司和行业的发展步伐。而且大多数公司在政策的解读与执行上缺乏前瞻性，多数是根据"刚需"为依据"就地取材"，对于政策的关注与理解多是浮于表面，系统性和长久性十分匮乏，更加无法与公司的发展融会贯通。据调查统计，有超过70%的公司得到过政府的资金支持，兵

团和团场通过设置各种奖励机制，出台相关政策，扶持力度进一步大增。2013年，兵团出台《关于深化团场改革试点工作指导意见》（以下简称《意见》），《意见》对成立农业经营公司有具体要求，目的是促进农业公司改革。

国家政策上，《全国农业现代化规划》2016年出台后，旨在将农村三次产业进行有效融合，在多维渠道方面驱动农业产业新型发展，培育农民职业化水平和产业经营主体，规划相关农民收入渠道，缩短对外公司审批手续等。从调研可知，政府在资金扶持方面虽增大支持力度，但不完全代表支持强度的有效性，资金考核制度的不完备，使政策整合聚集效应不容易产生，政策制度又回归成为农业公司的依靠。

（九）缺乏流动资金成为问题

在调查统计结果中发现，资金的流动性和资金的缺失成为普遍性问题，主要面临的问题在缺乏流动资金（31.7%）、缺乏技术改造资金（27.3%）、缺乏追加投资的资金（18%）、公司资产负债率过高（9%）以及其他（5%）。如图3-4所示。

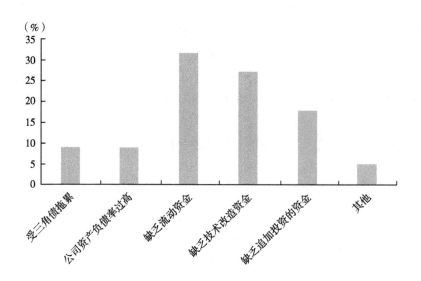

图3-4 流动资金制约因素频数直方图

农业规模化经营势必成为农业经营模式的发展趋势，农业技术的提升与机械化的运用，以及充分就业在农村中的试行终究会形成大户农业经营和农业企业化两种模式进行生产。时代的发展已经不可避免地造成小农经济被淘汰，针对体制改革也必须朝着前两者的发展模式进行，优势在于实现农业生产的规模化，在面对市场风险的情况下，大户判断力不高不全面；而作为农业企业在信息获取与风险评估方面都具有优势，所以未来兵团团场体制改革主攻方面应朝着农业企业化进行拓展。

第四节　本章小结

兵团团场的管理体制创新度不高是由于兵团团场农业发展仅满足于社会管理的表面意义，实质上的转变需要提高到迫切的要求上来。以市场为导向，将兵团的特殊体制与之相融合，创新农业经济的管理体制是实质上推进兵团与现代市场经济对接的正确过程。但撬动兵团的体制改革问题在一定程度上阻碍了市场机制的进驻。

首先，兵团体制的行政作用过大，干预了经济的发展，当前的行政资源配置冲蚀了市场分配的主动性，机制的实施难度增大，市场机制的高效作用难以启动。现代农业发展水平的度量依靠着农产品商品率。兵团的棉花、番茄、葡萄等产品品质下降，商品率远低于地方，滞销严重，农业现代化发展水平落后。其原因在于团场管理体制动力不足。管理体制的僵化制约了农场商品市场化的动力。两个主体的特点没有发挥：一是团场的组织优势、服务优势和加工销售优势没有发挥；二是专业大户、合作经营组织、龙头企业等微观主体自主投资、自我经营、自担风险的积极性也没有调动起来。

其次，高投入、高消耗的粗放式增长特征突出，必须适应经济发展新常态，以提高质量效益为中心，加快转型升级步伐，促进农业经济增长由主要依靠增加物质资源消耗向主要依靠科技进步、劳动者素质提高和管理创新转变。

最后，需要新的兵团农业增长动力。理论意义上说，劳动密集型—资本密集型—技术密集型是经济增长的合理演进机理。但兵团现如今却没能符合规律性发展，人口老龄化和劳动力成本增加越发明显，劳动密集型产业未能有效利用。资本密集型动力没有可利用空间，兵团发展中的技术缺失问题还很严重。劳动力、资本和技术需要很好的发挥才能充分利用体制改革释放出的红利，但此问题是兵团面临的棘手问题。

第四章　基于农业多功能理论的兵团团场分类管理体制创新研究

第一节　兵团团场管理体制现状

一、现有团场管理体制

团场是兵团的基本单位和主要组织形式，承担着国家赋予的屯垦戍边职责，兼有政治、经济、社会、军事四大职能。2014 年 10 月，国务院新闻办发表的《新疆生产建设兵团的历史与发展》白皮书载明："新疆生产建设兵团是新疆维吾尔自治区的重要组成部分，兵团承担着国家赋予的屯垦戍边职责，实行党政军企合一体制，是在自己所辖垦区内依照国家和新疆维吾尔自治区的法律、法规自行管理内部行政、司法事务，在国家实行计划单列的特殊社会组织，受中央政府和新疆维吾尔自治区双重领导。"新疆生产建设兵团也称中国新建集团公司，根据这些阐述可概括兵团的性质为："新疆生产建设兵团是处于新疆维吾尔自治区行政区内，承担着国家赋予的屯垦戍边职责，兼有经济、社会、政治、军事职能；在所辖垦区内依法自行管理内部行政司法事务，内部实行自上而下垂直管理、统一领导；既作为自治区的重要组成部分，又作为中央直属单位，在国家实行计划单列受中央人民政府和自治区人民政府双重领导；领导机构实行党政军企合一管理体制，带有区域性的特殊社会组织。对外也称中国新建集团公司。"

关于兵团性质的界定包含了以下六层意思：其一，兵团处于新疆维吾尔自治区行政区内。其二，兵团承担着国家赋予的屯垦戍边职责，兼有经济、社会、政治、军事职能。其三，兵团自行管理所辖垦区内部的行政司法事务。兵团所属单位虽然分布于自治区各地州市行政区内，为了保持兵团的集中统一，充分发挥其整体优势保证兵团特殊职能的有效发挥，因此所属单位接受兵团党政机关自上而下的垂直领导。其四，兵团接受中央人民政府和自治区人民政府的双重领导。其五，兵团具有企业性质对外称中国新建集团公司。其六，兵团是党政军企合一的特殊组织。"党"是指兵团建有各级党组织，发挥着对兵团事业的领导核心作用；"政"是指兵团设有行政机关和政法机构，拥有部分政权职能自行管理内部行政司法事务；"军"是指兵团军事机关和武装机构，涵养着一支以民兵为主的武装力量承担着打击"三股势力"、维护新疆稳定、巩固祖国边防的任务；"企"兵团具有部分企业性质，兵团也称"中国新建集团公司"，下辖农工交建商企业承担着经济建设的任务。

团场"党政军企"职能合一在实质上表现为团场的"社会和经济"双重属性。团场的社会属性即公共属性（团场本质属性）。团场的社会属性要求团场履行其公共职能。公共产品具有非排他性、非竞争性特点，公共产品支出属于公共支出领域，其资金来源主要由国家承担。团场社会属性通过"党政军"的职能来实现，其主要职责是从事"准政府"的管理，保障国防安全，发展科教文卫事业，向团场职工群众提供公共产品服务，维护社会稳定和经济秩序，发展社会事业，保障及改善民生，履行国有资产出资人或所有者的职责，是兵团履行经济功能，实现经济目标的社会载体和平台。团场的经济属性即企业属性。团场经济属性通过"企"的市场化经营，遵循市场经济规律，发挥市场机制作用，以追求效益最大化为目标来实现，是兵团屯垦戍边事业的物质基础，是社会持续发展的基础。经济属性服从于社会属性。

二、现有团场管理体制对经济发展的影响

在经济总量方面，图4-1、图4-2对2004~2014年142个团场统计结果表明团场经济总量呈现出了稳步上升的趋势，截至2014年生产总值达到952亿元，占兵团经济总量46.7%，年均增速17.8%，较2004年增加79.5亿元；人均生产总值达到53731元，年均增速15.3%，较2004年增加36438元。

在经济结构调整方面，三次产业结构日趋合理，第一产业比重逐步下降，第二、第三产业显著增加，三次产业结构由2008年的62.4:15.3:22.4调整到2014年的42:31.3:26.7，详见表4-1。

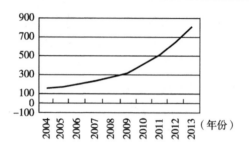

图 4-1 团场经济总量趋势

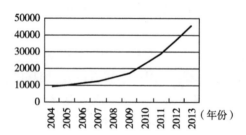

图 4-2 团场人均生产总值趋势

表 4-1 2008~2014 年团场经济三次产业结构变化情况　　　单位：%

年份	第一产业	第二产业	第三产业	合计
2008	62.4	15.3	22.4	100.0
2009	60.6	17.9	21.5	100.0
2010	62.2	18.3	19.5	100.0
2011	58.9	21.1	20.0	100.0
2012	55.0	24.7	20.3	100.0
2013	50.9	27.2	21.9	100.0
2014	42.0	31.3	26.7	100.0

　　全社会固定资产投资高速增长，截至 2014 年达到 964 亿元，占兵团总投资 54.7%，2008~2014 年年均增速 50.1%。社会消费品零售总额显著提升，2014 年实现 263.6 亿元，2008~2014 年年均增速 28.7%，较 2008 年增加 205.6 亿元。

　　在团场小城镇建设方面，兵团团场小城镇步伐加快，现在已有 7 个建制镇获批，城镇政府职能得到充分发挥，创新了团场管理体制和运行机制，团场小城镇质量不断提升，城镇功能不断完善，城镇化率逐年上升，城镇化率由 2004 年的

44.9%上升至2014年的64%（见图4-3）。

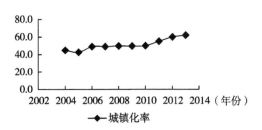

图4-3 兵团城镇化率趋势

团场工业发展方面，团场工业发展稳步推进。团场充分利用自身丰富的农产品资源，依托国家全面对口援疆和产业援疆政策，以及国家新一轮西部大开发战略等，团场工业得到较快的发展，2014年工业总产值和工业增加值分别实现了771.8亿元和220.1亿元，2008~2014年工业总产值和工业增加值年均增速分别为41.9%和40.3%（见图4-4）。

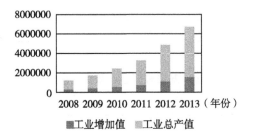

图4-4 团场工业发展主要指标趋势

农业发展方面，农业现代化进程加快。如图4-5所示，农业总产值呈现稳步提升的趋势，2004~2014年年均增速13.2%，2014年较2004年增加706.9亿元；总播种面积保有量较为稳定，年均增长1.79%；粮食总产量总体上保持稳定（2009年、2010年、2014年产量较高），年均增长6.6%；棉花、肉产量稳定增长，年均增长分别为6.6%和6.39%；水果总产量较快增长，年均增长20.5%，2014年较2004年增加231.9万吨。农业科技投入增加，农业规模化、集约化、机械化成效显著，粮食和棉花单位面积产量逐年增加。从纵向看，粮食、棉花单位面积产量年均增长分别为2.61%和3.55%，较2004年分别增加1726.5千克和

730 千克；从横向看，兵团与自治区粮食、棉花单位面积产量比较，除 2004 年兵团粮食单位面积较自治区少，兵团粮食和棉花单位产量均高于自治区，从 2004 ~ 2013 年起，兵团粮食和棉花单位面积产量平均高于自治区，分别为 816.3 千克和 455.3 千克。

表 4 - 2　2004 ~ 2014 年粮食、棉花单位面积产量对比　　　单位：千克

年份	粮食总产量	棉花总产量	水果总产量	肉类总产量
2004	1072999	752722	343952	173637
2005	1245015	828651	392315	200284
2006	1203511	1003382	149878	55898
2007	1162007	1178113	627000	176188
2008	1605031	1109023	677582	211696
2009	2048055	1039933	973468	256771
2010	2054267	1035912	1147817	308620
2011	1598692	1163889	1164391	364003
2012	1799271	1274281	1599350	307551
2013	2022552	1349462	2091254	322521
2014	2176312	1545641	2663459	361696

表 4 - 3　2004 ~ 2013 年粮食、棉花单位面积产量对比

单位：千克/公顷

年份	粮食单位面积产量			棉花单位面积产量		
	兵团	自治区	差额	兵团	自治区	差额
2004	5876.5	6009.9	- 133.4	1750	1554	195.7
2005	6150.3	5960.3	190.0	1939	1690	249.0
2006	6798.5	6107.3	691.2	2071	1607	463.7
2007	7171.4	6287.5	883.9	2034	1627	407.2
2008	6287.7	5509.2	778.5	2332	1808	524.2
2009	6922.1	5778.8	1143.4	2325	1791	534.1
2010	7504.1	5775.2	1728.9	2310	1697	612.8
2011	6630.0	6002.7	627.3	2419	1769	650.0
2012	6814.0	5990.1	823.9	2541	2057	484.1
2013	7603.0	6173.7	1429.3	2480	2047	432.6

三、现有团场管理体制对社会的影响

对于现有团场管理体制对社会的影响分析，本节从团场职工收入、就业、教育、医疗卫生和社会保障等方面分别通过指标数据进行描述。

农牧工收入保持稳定增长，兵师团党委重视团场农牧工收入，采取多种措施鼓励引导，促进农牧工多元增收，取得了较大的成效。截至 2013 年，团场农牧工家庭人均纯收入达到 14313 元，在西部地区位列首位，2004～2013 年年均增长14.5%，较 2004 年增加 10618 元。从团场从业人员数变化看，年底从业人员数总体保持平稳的趋势。如图 4－5、图 4－6 所示。

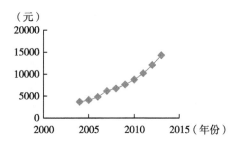

图 4－5 团场农牧工家庭人均收入情况

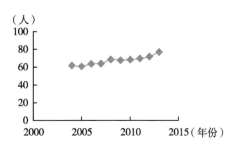

图 4－6 团场年底从业人员变化情况

教育基础更加夯实，教学质量成效显著。学前教育基本实现全覆盖，学龄儿童入学率 99.3% 以上，九年义务教育巩固率 95% 以上，高中入学率稳中有升，为实现 "3＋9＋3" 教育模式奠定了良好的基础。医疗卫生基础设施不断改善，千人拥有床位数不断增加；卫生技术人员质量和素质显著提高，千人拥有卫生技术人员数不断增加。如图 4－7、图 4－8 所示。

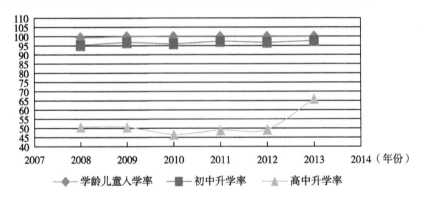

图 4 - 7　团场教育基本情况

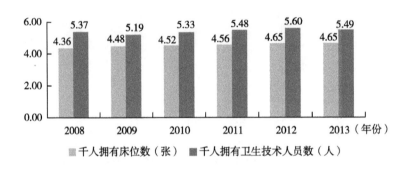

图 4 - 8　团场医疗卫生基本情况

团场社会保障体系不断健全，基本养老、基本医疗等参加人数逐渐增加，社会救助、社会帮扶机制不断完善，团场居民最低生活保障人数逐年减少。如表 4 - 4 所示。

表 4 - 4　2008~2014 年团场社会保障基本情况　　　　单位：人

年份	基本养老保险人数	基本医疗保险人数	失业保险人数	居民最低生活保障人数
2008	503469	503031	453820	92958
2009	528691	558713	440855	102127
2010	532635	562160	434565	99027
2011	502070	574860	413643	95659
2012	608060	720518	419412	83750
2013	677109	815481	407211	74588
2014	678223	817105	406674	75949

四、现有团场管理体制对新疆稳定的影响分析

（一）维护社会稳定

兵团自成立以来，积极履行职责和使命，有效地维护新疆的稳定，为国家的发展提供了一个良好的环境。主要体现在：

一是构建了维护社会稳定的体系。自组建以来，以高度有组织纪律的形象出现在新疆各族群众面前，团场分布在新疆各个地州的各个战略要地，一方面，时刻警惕各种分裂势力的动向，另一方面，为传播党的政策发挥重要作用，防止敌对势力思想渗透，为戍边固疆做出了突出贡献。

二是建立以民兵为主体，公安武警相协调的应急防控机制。兵团形成了应对突发事件和紧急事态的快速反应机制，同时由于团场空间布局，发生突发事件能够在第一时间了解掌握各地动态，及时有效地做出反应，切断敌对势力的相互联系，控制事态的发展蔓延，把危害控制在最低程度。兵团先后多次参与维护新疆稳定与发展的重要事件，历史事实充分证明了兵团是维护新疆稳定和祖国统一的重要力量。

三是强化兵地合作，构建了与自治区共同应对暴力恐怖活动的协同机制。兵团在打击"三股势力"、维护新疆社会稳定方面与自治区共同协作，兵团在维持所辖区内社会稳定的同时，也与邻近地方州（县）形成了联防维稳机制，在维护新疆稳定过程中发挥了重要的作用。兵团成立以来，就与驻疆军队、驻疆武警部队、地方政法力量联系密切。同时伴随着兵团体制的逐步完善，具有党政军企合一的体制优势，发挥了高度集中的组织优势，具有强有力的组织动员能力、快速反应能力，能够将训练有素的兵团民兵集结起来处置突发事件。此外，兵团"企"的属性，使得兵团职工与各族群众在共同劳动过程中联系密切，能够广泛了解社会舆情，在预防体系中发挥重要作用。因此，兵团在新疆维稳联防体系中处于不可或缺的地位。

（二）巩固祖国边防

兵团176个团场散布在全疆各个地州（市、县）内，尤其是在特定年代建立起来的58个边境团场，守卫着2019千米的边境线，占全新疆边境线的37.4%，在新疆沿边境区域形成一条狭长的团场带，稳定了祖国西北边境沿线。兵团自身是党政军企合一的特殊组织，采用兵—师—团—连垂直式管理模式，为维护祖国国防安全，边境团场职工在祖国的边防上坚守，与驻边国防军和地方民兵一起建立联防组织，实行团场包面，连队包片，民兵包点的生产、护边双承包责任制，

长年组织民兵，日夜守卫着祖国的边防线。同时，兵团亦兵亦民的性质，能够有效联系、配合和协助驻疆部队，共同完成应对国防安全的任务，形成以军、警为骨干，以民兵为基础的联防组织，使兵团成为军、警、兵、民"四位一体"边疆同守机制中的重要一环，大大增强了这一机制的力量，有效地巩固了国防，成为保卫祖国边防的一个坚强屏障。

新形势下的边防安全是一种集政治、经济、文化、社会等为一体的综合安全，兵团在国家和援疆省份的支持下，职工的住房、教育、医疗卫生、文化生活等条件获得较大改善，保留和吸引了一定规模数量的人口，在抵御境外势力的思想文化渗透，防范各种走私、贩毒等犯罪活动，成为保卫国家和平的坚固堡垒。兵团彻底改变了新疆历史上长期形成的"有边无防"的局面，弥补了国防军因为防线绵长、压力过大、兵力有限、补给困难、点面难以兼顾、防护难以周全的不足，完善并巩固了国家西北地区的战略态势，成为维护新疆社会稳定的重要力量。

第二节　兵团团场管理体制存在的问题

党政军企合一的特殊体制尴尬。兵团的特殊性就是"党政军企合一"，在老百姓看来则是"四不像"：是军队没军费，是政府要纳税，是企业办社会，是农民入工会。这种特殊管理体制，虽然有利于完成屯垦戍边的历史使命，但在面对市场经济时却有些尴尬，暴露出不少与经济社会发展不相适应的问题，主要表现在：开放度不足，改革相对滞后，政企、政资、政事、政社不分；企业市场主体地位不突出，市场资源配置作用难以有效发挥；行政主体资格不明确，职能不完善，"越位""缺位"并存；资产条块分割，资本杠杆化率低，投资效益不高。系统内部管理效率低下，行政人员增多，行政事业费用开支过大，企业负担过重，经济发展成本较大，导致兵团整体经济发展潜力较弱。寻根溯源就是党政军企合一的计划经济体制，其体制弊端使兵团严重缺乏自我发展的活力。这种管理体制决定了农业经营制度存在着多种制约。

通过调研，对于团场管理体制不完善的观点比较认同的被调查者占调查总数的30.1%，普遍反映的问题是：团场基本经营制度落实不到位、不彻底、不平衡、不完善、不配套的问题还不同程度地存在，体制机制不适应市场经济要求的矛盾没有根本消除。一方面，一些团场土地管理不规范；另一方面，要实现规模化就必然引导农工所承包的土地进行有序流转。目前状态下，农工所承包的土地流转还存在障碍，在兵团土地流转的力度不大，办法不多，措施不力，导致土地流转规模不大。在总流转的面积中，农业新型经营主体土地流转占总面积的比重很小。

一、行政管理体制存在的问题

（一）体制不顺资源配置低效

"党政军企"合一体制是中央对兵团履行特殊使命的制度性安排，兵团目前实行的经济社会管理体制仍是以行政手段为主导，各级行政在经济社会领域依然扮演着决策者、经营者、监控者等多种角色，计划经济的管理色彩仍然存在。随着经济社会的快速发展，一些长期积累的深层次矛盾和问题越发凸显，制约发展的体制机制障碍也越发明显。行政主体资格不明确、职能不完善、效率低下。财政财务体制不健全，投融资体制改革缓慢。政企、政资、政事、政社不分，产权主体和责任主体不一致，内生发展动力和活力不足。市场配置资源的决定性作用没有发挥出来，团场习惯于用行政决策替代企业进行"越位"和"错位"决策，投融资主体和责任主体不统一、主动融入市场参与市场竞争的创新思维和措施办法不多，缺乏应对市场变化的能力等问题。

（二）思想僵化认识模糊

思想解放不够束缚太多，自我封闭、不思革新、不思求变的僵化保守心态将兵团的特殊体制和发展市场经济对立起来，不会也不善于用市场经济的思维和改革创新的手段去寻找特殊体制与市场机制的结合点和突破口，当改革遇到体制机制问题时，往往是僵化地理解和认识"党政军企"合一体制制定的各项政策。有些仍是"纸上谈兵"，没有具体与团场实际结合起来，操作性不强，难以真正取得效果。没有勇气也缺乏智慧突破现有体制机制框框，束缚了改革的手脚。同时，部分团场存在对"党政军企"特殊职能作用认识片面的问题，有的把团场等同于地方县市，有的把团场等同于企业。在具体的改革实践中思路不清，方向不明，团场的体制机制创新步伐迟缓，党政军企关系没有完全理顺，影响和制约了团场党政军企多重职能作用的全面发挥。

（三）团场内部管理方式失范，行政管理职能不完善

团场行政管理行政职能定位不明确，导致团场角色多变，团场兼裁判员、运动员、保安员、指导员、监管员、服务员多种职能于一身，承担着全能无限的责

任，由此产生了团场内部政企不分、政事不分、政社不分、政资不分。此外，兵团大多数团场为非建制镇，这种模式使团场缺乏完善的行政管理职能，法律地位不明显，在经济调节、市场监管、社会管理和公共服务等方面，行政管理职能缺失，尤其是缺乏统一的行政事权和财权，机构设置难以满足团场多重职能任务的要求。

（四）体制化"统"得过死现象突出

部分边缘团场体制化"统"得过死现象突出，制约了经济社会功能的健全发挥，兵团 175 个团场分布在全疆各地，团场和连队大多数在偏远落后的沙漠边缘和边境地带，兵团在经济、行政管理方面自成体系，导致兵团的小城镇难以与地方城镇实现联动发展，各团场小城镇之间距离较远，更远离大中城市，其中58 个团场城镇驻守在边境地区，除个别团场个别作物单产排名靠前以外，农业发展水平相对兵团城镇发展难以受益于已建城市的公共基础设施和公共服务，社会管理信息化建设难度大，社区服务网络环境、信息技术装备条件较差，社会管理机构、服务对象信息数字化建设缓慢，难以借助现代信息技术服务管理居民，社会管理工作效率低。这些制约了兵团团场高效社会管理服务的实现，也就制约了农业良好发展的相应环境和体系。

二、经济体制存在的问题

（一）团场企业经营机制不活，经营效率不高

目前，团场企业股份制改制面较窄，企业的市场主体地位没有真正确立起来。行政干预甚至以行政命令代替企业决策的情况比比皆是，剥夺了企业的决策权和经营权。在改制企业中也存在一股独大、多元投资主体格局尚未形成等问题，导致企业内生动力和活力不足。企业管理人员市场化选聘、激励、约束机制不健全，高素质人才难以引进和留住。企业家队伍建设滞后，现有企业管理人员中懂经营、会管理、能驾驭市场经济的人才尤其是专业化的企业家十分匮乏。企业风险防范机制不完善，缺乏制度基础，企业风险管理水平参差不齐。因此，团场企业整体竞争力仍比较低，发展质量不高。此外，导致企业经营效率低的原因还表现在以下几个方面：

一是企业在规模上有所欠缺，多以中小企业为主在市场竞争中难以形成规模效益，缺乏市场话语权。

二是企业产品缺乏竞争力，以往具有较强竞争力的产品如纺织品、饮料酒、煤化工产品、光伏产品等近年来竞争力已经明显下降。

三是市场销售渠道不畅，当前大多团场企业的产品都是借助内地企业的营销渠道进入国内外市场，而真正通过团场自身企业的营销渠道进入市场的产品不多，大量的价值链高端利润被其他企业获得，影响了团场企业的盈利水平。

四是行政机构过于庞大，由于部门和环节过多导致运转不灵经营效率低下。

（二）团场企业产权结构单一，治理结构不完善激励制度不健全

一是大部分团场企业产权主体单一，国有股占绝对控股地位国有资本"一股独大"的局面并没有完全改变。在单一的产权结构下，团场企业不可能摆脱行政干预，产权就无法真正清晰，权责难以分明，机制不能搞活。一股独大导致企业内部的资产监管缺乏有效的制约，不利于建立真正意义上的股份制企业，使得治理机构难以规范化和效益化，真正的现代企业制度难以建立。

二是企业治理结构不完善未规范运作。目前多数团场企业的法人治理结构不完善、不规范，不存在董事会、监事会、经理层，政企、政资不分权责不明。

三是激励制度不健全。薪酬分配制度不健全。虽然企业收入分配市场化的方向已经确立，但工资水平还是按照相应级别进行设计，没有体现行业特点和技术特征。薪酬结构设计不合理，缺乏远期激励。薪酬分配弹性不足，控制过死，薪酬水平与市场平均水平差异较大。绩效管理制度不健全。考核指标设计不够合理，考核指标与实际工作结合不紧密，操作性、时效性不强。考核流程不规范，程序设计不科学，影响到考核的客观性和公正性。绩效评价体系未建立，没有把绩效考评结果作为确定员工薪酬以及职务晋升、评优、降级、调岗和辞退的依据，未达到绩效考评的效果。

（三）团场国有资产监管不健全，制度不完善

国资监管体制不够健全。兵师两级国资监督渠道是畅通的，兵师两级出资人各自拥有对本级企业经营性国有资产的监管权，而在团场这一级，由于缺乏明确的在团场设立国资监管机构的法律依据，导致大部分团场仍在承接体制惯性，沿袭着过去的管理模式。因团场具有"党政军企"合一的特殊管理体制，使团场既有社会公共管理职能，同时又直接履行国有资产经营管理职能，两种职能兼于一身，不可避免会出现对企业国有资产的监督管理更多地运用行政方式进行监管，而非以产权管理的方式进行，难以实现权利、责任、义务相统一。

国资监管制度不够完善。当前加强团场国资监管已是必然趋势，但仍缺少统一规范的制度性政策，主要存在以下两个方面的问题。

一是国资监管基础制度不完善。国有资产监管基础工作涵盖清产核资、统计评价、企业经营业绩考核、财务监督、国有产权管理、国企改制、资产评估等多

方面，由于很多团场没有成立国资监管的专门机构，这些基础工作分布在团场国资办、财务科、发改科、工交建商科等相关科室，没有规范、统一和针对团场的国资监管制度，致使国资监管主体不明，资产评估、资产处置等基础工作不到位。

二是产权代表委派制度不完善。随着各团场加快发展新型工业化进程的推进，很多团场利用自身资源优势加大招商引资力度，引入民营资本，国有参股、控股企业数量逐年增多。但团场对参股、控股企业的国有产权代表委派及选拔制度不健全，仍待进一步完善。

（四）农业经营制度与市场经济接轨不到位

团场统一经营是发挥双层经营体制综合效益的重要保证，主要体现在管理和服务环节上，没有团场的统一经营，产品订单收购和农资集中采供就难以实现，就不能按照市场原则为职工家庭经营提供有效的管理和统一的社会化服务，职工家庭经营的效果也就难以在市场中得到体现。但在实践中，农业经营中的"五统一""统"得过死，不利于农产品商品化、专业化、市场化的发展。农产品商品率的高低是判定一个区域现代农业发展水平的重要标志。兵团的商品化率低于地方，并且其主要作物棉花、番茄、葡萄的品质大大下降，均出现销售难的问题，其原因在于团场农业经营体制动力不足。管理体制的僵化制约了农场商品市场化的动力。有17.7%的被调查者认为，兵团团场的相关农业服务机制不健全，这是因为农业社会化服务主体公益性服务组织和经营性服务组织的职能没有得到充分发挥。原有的基层农技推广体系主要是针对传统团场职工经营提供生产技术服务，服务人员知识单一、服务方式陈旧、服务项目单一、服务质量低，缺少针对性，很难满足新型经营主体从事现代农业生产经营所需要的个性化、全程化和综合性服务，特别是新型经营主体迫切需要的种植结构调整，标准化品牌化生产技术，农产品销售、加工、包装以及资金信贷、服务的有效性等方面的服务有待进一步提高，这既限制了服务的广度和深度，阻碍了农业社会化服务的商品化进程，也削弱了服务主体提供服务的内在动力，也在一定程度上制约了新型农业生产主体的快速发展。

三、社会管理体制存在的问题

当前兵团社会稳定形势总体向好。但也要看到随着加快转变发展方式推进城镇化、新型工业化、农业现代化三化建设，兵团既处于发展的重要战略机遇期，又处于社会矛盾凸显期；既面临"三股势力"的威胁，又面临特殊体制与市场机制接轨的挑战，社会管理领域还存在许多特殊情况和薄弱环节。

（一）社会管理理念不够准确

一是重经济发展轻社会管理。领导干部片面追求经济发展指标、招商引资、上项目，忽视社会民生投入，对弱势人群不屑关注，使弱势人群心理上感觉没有依靠产生怨恨情绪，导致干群关系不和谐。

二是管控思想严重服务意识单薄。一些单位领导干部习惯于"管""卡""压"，习惯于围、追、堵、截，习惯于行政罚款了事，对于职工群众的需求、难处、疾苦缺少主动调查了解和关注群众观念淡薄、工作方式方法简单，习惯于"拍脑门子决策"，听不进职工群众意见，对职工群众的矛盾纠纷缺少化解的耐心，"硬管理有余，软管理挂起"，忽视道德教化，轻视沟通协调，这些问题影响了党群关系、干群关系。

三是部分管理者缺乏对社会管理出现新问题的关注度，习惯于从片面和表面思考问题，对民生建设热情不高，不了解社会基础设施的基本情况，现代科学的管理经验储备不足，对社会管理问题麻痹大意，到社会矛盾突出、突发事件出现时则采取临时态度应急处理。

（二）特殊体制不够健全完善

兵团是党政军企合一的特殊组织，兵团体制的特殊性也形成了独特的社会管理体制，但随着社会主义市场经济体制的逐步完善，社会管理体制弊端也日益凸显，社会管理法律法规不健全，不少领域存在着法律空白。由于缺乏规范社会生活、社会组织和社会事务的大量专门性法律，致使兵团直接面对庞杂的社会事务多采用行政性的管理方法费时费力。法律法规的缺失使得兵团社会管理难以走向平稳有序的良性发展轨道。此外，兵团特殊体制的实质是行政主导型管理体制与市场机制不能完全适应。市场机制要求资源以自由竞争与自由交换来实现自我配置，自由、民主意识较强，强调法治管理，而兵团特殊体制弊端中经济的过分计划性、管理的行政主导性不可避免地滋生了两者接轨过程中的矛盾和纠纷。与此同时，调和两者矛盾的配套机制尚没有完全建立，使得这些矛盾和问题根本上影响着兵团内部社会管理。因此，解决好兵团特殊体制与市场机制接轨的挑战，必须着重处理好行政推动和市场运作之间的关系，探索兵团特殊体制与市场机制的有效结合方式，既要用行政手段配置资源，充分发挥自身优势；更要主动融入市场，充分发挥市场在资源配置中的决定性作用，使兵团改革开放充满活力。

（三）社会管理主体存在缺位现象

在传统社会管理体制的较深影响下，兵团现代管理体制还未形成，由于缺乏政府职能，已经习惯采用行政命令或经济处罚手段，管理者决策和政策执行过程与职工群众存在信息不对称，从而形成了团场对社会管理事务大包大揽的惯性管理模式。随着团场改革政资、政企、政社、政事分开，团场不再完全包揽社会管理和服务事务，而是将相关社会管理和社会服务的事务剥离出去，大量被剥离出来的社会事务一时又无法有合适的组织来承接，就造成事实上的管理主体的"缺位"。另外，在社会管理方面的职能地位不明确，错位、缺位、越位现象突出，部分原因是人员编制经费保障等设置严重不足。近年来，安全生产、团场环境综合治理等工作的开展，充分表明团场想去做但无人力、财力保障，这些社会管理体制还需要进一步完善。此外还存在新建城市和职能部门机构不完善、职能缺位工作不能适应社会管理需要。由于大多数团场不是建制镇，或者师市行政和社会管理职能没有有效延伸，许多社会管理职能存在缺位，编制和经费存在严重不足的问题。部分团场科室的设置架构不完整，通常运用团场对连队的管理方式，无法对小城镇居民实行全面管理和服务。许多团场设有社区，但不具备社区相应的功能，编制不足，缺少经费，由团场补贴是普遍现象。社区管理基本就是"物业公司"，收取物业费、水电暖费和垃圾清理费等成为社区的主要事务工作，在计划生育、职工养老、职工群众就业和社会保障等方面的功能不健全。

（四）社会管理方式单一，主体不够多元化

社会事务纷繁复杂，社会问题各式各样，社会需求千差万别，利益关系错综复杂，团场不可能包揽所有社会管理事项，需要多元化的治理体系。

一是社会管理方式滞后。团场习惯用管理"单位"或国有企业的理念与行政命令的方法来管理辖区社会，团场社会化、市场化的管理方式缺失，没有建立起一套符合新形势要求和兵团团场特点的社会管理制度和体系。主要体现在城镇社区管理、连队建设与城镇建设统筹发展、职工队伍管理等方面的管理方式方法明显滞后。

二是团场包揽一切不堪重负，"越位""错位"现象突出，公权力侵入私人领域的现象时有发生。团场耗费大量人力、物力和财力，职工群众却不满意。

三是团场改革后管理层级增多，团场对公司的管理弱化。成立公司后，团场的土地资源会由农业分公司代为经营，各连队的农业生产经营由农业分公司进行管理。这样与以往相比增加了管理的层级，造成了管理上的重复低效。

（五）社会组织发展滞后，职工群众参与社会管理积极性不足

承担社会管理和服务事物的各类社会组织发展滞后。截至2014年底，兵团依法登记的各级各类社会组织达900余个，但从社会需求看，兵团各类社会组织

的整体发育程度与社会发展水平不同步，存在数量少、规模小等问题制约了社会组织承接社会管理和服务的能力，造成了社会自律管理的"中介"断层。由于团场社会组织发展滞后，职工群众对社会组织的作用认识不足。虽然随着互联网等的大众化，职工群众参与公共事务的热情有所提高，职工群众的参与渠道有所拓宽，但与社会发展相对应的需要还有很大的差距。

（六）管理理念与结构环境的变化脱离

管理理念与结构环境的深层变化矛盾，制约文化、生态功能的问题明显。改革开放和城镇化的推进、人口和劳动力流动加速使得团场的社会结构日趋复杂，对职工群众的思想观念、生活方式和价值取向都产生了深刻的影响。对于农业多功能性的实现，被调查者的关注度占过半人数，虽然总体度不高，但值得提倡的是有过半的兵团人高度重视农业多功能性的，但也不能忽视创立兵团事业的老一辈兵团人逐渐退出历史舞台，多种人口增加途径、多重成分构成的新一代兵团人缺乏兵团在新疆维稳戍边政治使命的认同感和继承发展兵团事业的历史责任感的现实问题，由此带来的社会价值追求多元化，职工队伍政治素质呈下降趋势，增加了团场社会管理难度。目前，社会管理体制在理念、思路上还局限于一般社会事务管理，远不能适应形势要求。

（七）政策保障机制实效性不足

对于政策保障机制实效性不足的问题，29.8%的职工及相关从业者认为近年兵团出台的一系列鼓励、扶持发展专业大户、合作社、农业产业化龙头企业和农业产业集团等新型农业经营主体发展的政策措施，肯定了其对新型农业经营主体的成长起了积极的作用。但也不能忽视兵团对于新型农业经营主体缺乏明确的认定标准，相应的财税、用地、金融、保险等扶持优惠政策难以落实。许多政策是通过各职能部门下达，各项政策之间缺乏整合性和衔接性，政策落实效率不高，政策实施成本较高，具有明显的时滞性。

（八）制度管理问题的不可控性制约着社会、文化等一系列功能的实现

对于制度管理的认可度总体情况趋于较平均状态，但是对于体制对农业社会和文化功能实现的影响程度方面60%的被调查者都表示体制的制约和影响作用很关键；普遍认为兵团体制制度的创新与改革缺乏指导思想、原则、目标及发展思路等顶层设计。在职工生产生活的制度性安排上，兵团只是形成了一个系统化、规范化、制度化的指导方针和政策。在财政、金融、人才等配套措施上，没有特别详细的细则指导。团场城镇化稳步推进和维稳固边面临的严峻形势，使团场社会管理的重要性越显突出。团场社会管理在团场生产方式、经济结构、社会

结构、价值取向等方面都发生巨变的新形势下，面临严峻的挑战。

第三节 兵团团场分类管理创新

一、兵团团场分类管理的必要性分析

根据农业多功能理论，兵团现代农业肩负维稳戍边、经济发展、社会和谐、生态文明和文化传承等多种功能。但兵团团场因地理位置、资源禀赋、经济社会发展情况千差万别，要完成兵团农业多功能的要求，对某个团场来说，必然只能以某种职能为主导，其他功能为辅，分类管理。

（一）实现兵团特殊体制与市场经济接轨

新常态阶段也是深入改革的攻坚期，对于兵团"党政军企"特殊体制而言，要正确处理行政与市场的关系、实现行政职能转型、培育合格的市场主体、充分发挥市场配置资源的决定性作用，还面临着转变思想观念、理顺体制机制、厘清利益边界、兼顾公平和效率等困难。

（二）转变经济发展方式

保持稳定合理的经济速度，经济总量跨上新台阶，但高投入、高消耗的粗放式增长特征突出，必须适应经济发展新常态，以提高质量效益为中心，加快转型升级步伐，促进经济增长由主要依靠投资拉动向依靠投资、消费和出口协调拉动转变，由主要依靠增加物质资源消耗向主要依靠科技进步、劳动者素质提高和管理创新转变。

（三）发掘兵团经济新的增长动力

从理论上来说，经济增长动力的演进过程是从劳动密集型到资本密集型，再到技术密集型。可是兵团当前面临着一种尴尬的局面，那就是劳动密集型产业的动力尚未充分利用，人口红利已经伴随着人口老龄化、劳动力成本上升等问题的到来而逐渐褪去，而全国范围内资本密集型产业几乎都是过剩的，意味着资本密集型动力给兵团留下的空间不大，技术创新方面兵团基础仍然很薄弱。但改革红利的释放，体制红利的释放，需要借助于劳动力资本或者技术这样的载体才能充分地发挥出来，这将是经济新常态阶段兵团面临的一大难题。

（四）全面深化改革

随着改革纵深推进，改革难度及风险不断加大，必须适应全面深化改革新要求，在重点领域和关键环节上持续发力，使改革由渐进、先易后难、局部改革向重点突破、综合配套、全面深化转变，加快推进治理体系和治理能力现代化。

（五）履行特殊维稳戍边任务

新疆稳定形势依然复杂严峻，兵团作为维护新疆社会稳定和实现长治久安的重要力量，维稳戍边任务更加繁重，必须坚决服从服务于中央治疆方略，牢牢把握着眼点着力点，在事关根本、基础、长远的问题上精准持续发力，切实履行好维护祖国统一、民族团结、新疆稳定的特殊使命。

二、团场管理体制分类管理思路

在团场进入"以城镇化为主体、新型工业化为支撑、农业现代化为路径，与信息化深度融合，产城一体化"发展的新时期，把握有利机遇，创新团场现行的管理体制、运行机制和管理方式，促进特殊体制与市场机制接轨，加快团场经济和社会发展，在"党政军企"实现形式上取得根本性突破。从宏观层面上，团场管理体制分类管理将经济发展条件好的团场和发展条件差的团场运用科学方法进行划分，经济发展条件好的团场更倾向于"屯垦"职能，生态、经济发展条件差的团场更倾向于"生态保护"职能，边境及少数民族聚居区发展主要体现其"维稳戍边"职能。不同属性团场各司其能，才能完成兵团屯垦戍边任务。因为，团场大多从事农业牧业，按照农业多功能对其进行不同分类。

三、经济发展和社会和谐功能评价与分类

对兵团现代农业所肩负的经济发展和社会和谐职能，本书采取主成分分析法对团场现代农业发展的基础、条件等进行综合评估，并对团场现代农业所肩负的经济发展和社会和谐职能的能力水平、重要程度进行分类。

（一）指标设计思路和数据预处理

本书在遵照指标选取客观性、科学性、可操作性原则的基础上，基于兵团现代农业的多功能，从经济发展和社会和谐两个维度对现代农业发展方式进行评价（见表4－5），对这两个维度的15个影响因素进行因子分析提取公因子，从而分析影响兵团现代农业发展方式的主要影响因子。原始指标数据来源于2015年《新疆生产建设兵团统计年鉴》和《兵团经济社会发展争先进位排序——2015年》。

表4-5 兵团现代农业经济发展和社会和谐功能评价指标体系

目标层	标志	指标层	单位
经济发展	X1	生产总值	万元
	X2	固定资产投资总额	万元
	X3	第一产业产值	万元
	X4	主营业务收入	万元
	X5	农业用电量	万千瓦时
	X6	利润总额	万元
	X7	农业劳动生产率	万元/人
	X8	农业用地产出率	元/亩
	X9	肉类总产量	吨
	X10	年末果园面积	公顷
社会和谐	X11	城镇化率	%
	X12	非种植业就业人员比重	%
	X13	团场农牧工家庭人均纯收入	元
	X14	养老和基本医疗保险覆盖率	%
	X15	社会消费品零售总额	万元

在实证分析前对数据进行预处理，本书选取的指标都为正指标，考虑到各个指标往往具有不同的量纲，为了消除各指标之间的量纲影响，应对所有指标进行无量纲化处理，本文采取 Min – Max 标准化。Min – Max 标准化方法是对原始数据进行线性变换。设 Min(A) 和 Max(A) 分别为属性的最小值和最大值，将 A 的一个原始值 x 通过 Min – Max 标准化映射成在区间 [0, 1] 中的值 X_{ij}，其公式为：$X_{ij} = (x_{ij} - Min_{xj})/(Max_{xj} - Min_{xj})$。式中，i 代表样本个数；j 代表指标变量个数；$X_{ij}$ 代表无量纲化后的样本值，标准化数据见表4-6。

表4-6 兵团现代农业经济发展和社会和谐功能评价指标标准化

单位	X1	X2	X3	X4	X5	X6	X7	X8	X9	X10	X11	X12	X13	X14	X15
1	0.301	0.106	0.785	0.133	0.053	0.805	0.488	0.441	0.169	0.334	0.555	0.549	0.691	0.121	0.178
2	0.278	0.048	0.747	0.297	0.100	0.826	0.746	0.312	0.081	0.426	0.615	0.489	0.692	0.612	0.070
3	0.244	0.042	0.839	0.235	0.048	0.775	0.478	0.529	0.038	0.438	0.430	0.543	0.731	0.588	0.067
4	0.068	0.039	0.205	0.037	0.010	0.311	0.218	0.208	0.078	0.216	0.160	0.463	0.567	0.170	1.000

续表

单位	X1	X2	X3	X4	X5	X6	X7	X8	X9	X10	X11	X12	X13	X14	X15
5	0.236	0.092	0.501	0.182	0.111	0.660	0.336	0.289	0.136	0.450	0.352	0.223	0.640	0.170	0.102
6	0.128	0.051	0.386	0.122	0.061	0.350	0.444	0.421	0.108	0.343	0.400	0.357	0.572	0.219	0.074
7	0.200	0.047	0.567	0.242	0.070	0.723	0.522	0.466	0.092	0.357	0.582	0.452	0.692	0.275	0.101
8	0.227	0.082	0.522	0.147	0.046	0.347	0.460	0.479	0.075	0.307	0.726	0.633	0.660	0.316	0.120
9	0.355	0.149	0.928	0.281	0.090	0.911	0.663	0.566	0.194	0.484	0.772	0.612	0.731	0.484	0.240
10	0.178	0.048	0.592	0.119	0.029	0.582	0.780	0.423	0.077	0.445	0.411	0.486	0.575	0.188	0.221
11	0.387	0.104	0.864	0.342	0.123	0.484	0.592	0.460	0.111	0.637	0.697	0.622	0.733	0.425	0.105
12	0.268	0.053	1.000	0.083	0.123	0.802	0.829	0.575	0.120	0.696	0.669	0.580	0.707	0.599	0.097
13	0.186	0.053	0.567	0.128	0.094	0.449	0.476	0.520	0.079	0.510	0.576	0.505	0.643	0.458	0.055
14	0.336	0.068	0.869	0.078	0.054	0.732	0.613	0.729	0.132	0.328	0.501	0.650	0.769	0.378	0.168
15	0.079	0.092	0.194	0.080	0.005	0.315	0.177	0.234	0.212	0.165	0.398	0.400	0.508	0.205	0.034
16	0.220	0.110	0.340	0.111	0.044	0.268	0.129	0.289	0.238	0.011	0.425	0.530	0.554	0.318	0.028
17	0.092	0.035	0.261	0.067	0.041	0.268	0.204	0.285	0.302	0.096	0.431	0.403	0.650	0.262	0.066
18	0.033	0.286	0.075	0.039	0.022	0.288	0.116	0.358	0.046	0.014	0.375	0.403	0.507	0.245	0.027
19	0.065	0.048	0.125	0.077	0.036	0.240	0.149	0.240	0.132	0.010	0.552	0.772	0.453	0.179	0.096
20	0.316	0.174	0.594	0.143	0.243	0.673	0.234	0.317	0.810	0.481	0.537	0.491	0.821	0.140	0.142
21	0.105	0.082	0.296	0.104	0.079	0.531	0.318	0.398	0.155	0.158	0.580	0.592	0.715	0.288	0.081
22	0.114	0.056	0.360	0.092	0.086	0.540	0.651	0.424	0.063	0.271	0.761	0.727	0.740	0.322	0.037
23	0.154	0.080	0.436	0.120	0.150	0.656	0.497	0.393	0.063	0.427	0.711	0.865	0.898	0.523	0.167
24	0.118	0.053	0.465	0.102	0.060	0.648	0.557	0.388	0.119	0.551	0.711	0.841	0.774	0.499	0.000
25	0.164	0.035	0.470	0.046	0.041	0.561	1.000	1.000	0.086	0.392	0.637	0.888	0.921	0.199	0.032
26	0.005	0.000	0.009	0.006	0.043	0.234	0.000	0.196	0.012	0.132	0.367	0.464	0.423	0.342	0.000
27	0.004	0.020	0.001	0.010	0.005	0.181	0.010	0.000	0.000	0.300	—	—	—	—	0.007
28	0.054	0.079	0.102	0.015	0.000	0.209	0.146	0.000	0.116	0.206	0.479	0.182	0.000	0.273	0.007
29	0.062	0.078	0.125	0.053	0.012	0.313	0.221	0.262	0.111	0.155	0.985	0.611	0.529	0.764	0.085
30	0.037	0.023	0.101	0.037	0.011	0.316	0.186	0.245	0.043	0.024	0.637	0.477	0.500	0.168	0.011
31	0.177	0.097	0.474	0.091	0.161	0.343	0.174	0.330	0.194	0.542	0.527	0.713	0.511	0.244	0.107
32	0.255	0.089	0.610	0.144	0.074	0.571	0.277	0.280	0.189	0.686	0.839	0.660	0.693	0.351	0.093
33	0.041	0.046	0.146	0.056	0.024	0.316	0.472	0.376	0.050	0.307	0.347	0.691	0.525	0.144	0.013
34	0.096	0.037	0.316	0.104	0.075	0.368	0.644	0.634	0.117	0.437	0.483	0.596	0.629	0.183	0.032
35	0.143	0.062	0.422	0.135	0.093	0.410	0.206	0.389	0.095	0.389	0.496	0.430	0.513	0.263	0.113

单位	X1	X2	X3	X4	X5	X6	X7	X8	X9	X10	X11	X12	X13	X14	X15
36	0.113	0.059	0.335	0.108	0.118	0.352	0.216	0.260	0.127	0.342	0.490	0.558	0.421	0.529	0.084
37	0.125	0.100	0.326	0.130	0.097	0.377	0.030	0.227	0.132	0.306	0.200	0.273	0.378	0.234	0.124
38	0.124	0.064	0.341	0.097	0.080	0.374	0.093	0.327	0.106	0.376	0.237	0.315	0.426	0.384	0.080
39	0.079	0.041	0.243	0.087	0.079	0.413	0.171	0.323	0.112	0.125	0.377	0.544	0.525	0.217	0.059
40	0.003	—	0.008	0.000	0.004	0.206	0.102	—	0.012	0.003	—	—	—	—	0.000
41	0.008	—	0.032	0.001	0.000	0.206	0.081	—	0.021	0.035	—	—	—	—	0.002
42	0.004	—	0.013	0.001	0.000	0.205	0.291	0.278	0.055	0.035	0.508	0.935	0.341	0.144	0.000
43	0.000	—	0.000	0.000	0.000	0.205	0.101	—	0.036	0.000	—	—	—	—	0.001
44	0.134	0.080	0.272	0.024	0.005	0.340	0.153	0.238	0.130	0.330	0.401	0.405	0.660	0.081	0.052
45	0.205	0.091	0.297	0.049	0.014	0.400	0.245	0.356	0.246	0.355	0.617	0.580	0.632	0.365	0.166
46	0.123	0.047	0.254	0.054	0.065	0.358	0.270	0.332	0.087	0.125	0.288	0.395	0.791	0.314	0.046
47	0.136	0.072	0.304	0.060	0.047	0.279	0.099	0.268	0.257	0.137	0.143	0.401	0.508	0.129	0.051
48	0.182	0.064	0.320	0.078	0.039	0.447	0.108	0.262	0.281	0.129	0.391	0.452	0.844	0.209	0.086
49	0.100	0.034	0.289	0.057	0.134	0.353	0.253	0.261	0.138	0.228	0.156	0.449	0.455	0.483	0.106
50	0.077	0.012	0.166	0.108	0.000	0.306	0.151	0.215	0.184	0.021	0.215	0.344	0.796	0.142	0.020
51	0.083	0.028	0.127	0.028	0.022	0.306	0.253	0.200	0.164	0.007	0.515	0.544	0.445	0.334	0.011
52	0.123	0.033	0.204	0.039	0.013	0.248	0.116	0.346	0.160	0.096	0.470	0.609	0.551	0.341	0.035
53	0.147	0.053	0.224	0.123	0.024	0.335	0.152	0.259	0.262	0.004	0.495	0.611	0.699	0.336	0.051
54	0.091	0.035	0.140	0.059	0.007	0.256	0.125	0.176	0.159	0.006	0.331	0.569	0.553	0.150	0.066
55	0.173	0.129	0.162	0.016	0.009	0.321	0.327	0.375	0.235	0.078	0.748	0.959	0.640	0.492	0.031
56	0.048	0.023	0.096	0.021	0.002	0.260	0.226	0.164	0.107	0.000	0.396	0.563	0.423	0.108	0.025
57	0.058	0.009	0.058	0.025	0.004	0.284	0.203	0.090	0.025	0.238	0.430	0.564	0.778	0.372	0.012
58	0.102	0.013	0.265	0.029	0.008	0.288	0.111	0.135	0.239	0.000	0.300	0.411	0.788	0.106	0.025
59	0.127	0.027	0.215	0.046	0.008	0.290	0.216	0.118	0.125	(0.000)	0.412	0.554	0.609	0.349	0.039
60	0.057	0.050	0.157	0.010	0.008	0.253	0.344	0.525	0.159	0.238	0.299	0.631	0.571	0.299	0.014
61	0.056	0.017	0.119	0.011	0.015	0.234	0.273	0.359	0.153	0.045	0.255	0.673	0.465	0.127	0.010
62	0.104	0.036	0.273	0.035	0.101	0.365	0.203	0.399	0.167	0.128	0.697	0.512	0.601	0.302	0.078
63	0.205	0.077	0.336	0.206	0.223	0.588	0.119	0.285	0.162	0.177	0.840	0.605	0.543	0.079	0.090
64	0.077	0.076	0.134	0.081	0.074	0.293	0.144	0.123	0.102	0.000	0.545	0.522	0.549	0.192	0.027
65	0.133	0.038	0.304	0.132	0.088	0.404	0.150	0.337	0.231	0.174	0.757	0.639	0.557	0.072	0.095
66	0.030	0.015	0.072	0.030	0.013	0.221	0.118	0.166	0.051	0.003	0.519	0.505	0.590	0.186	0.017

续表

单位	X1	X2	X3	X4	X5	X6	X7	X8	X9	X10	X11	X12	X13	X14	X15
67	0.028	0.020	0.058	0.026	0.020	0.210	0.129	0.109	0.093	(0.000)	0.474	0.557	0.539	0.100	0.033
68	0.205	0.233	0.271	0.243	0.121	0.558	0.161	0.324	0.092	0.122	0.627	0.563	0.546	0.210	0.070
69	0.113	0.024	0.235	0.098	0.121	0.446	0.221	0.389	0.098	0.035	0.624	0.553	0.623	0.406	0.032
70	0.020	0.005	0.064	0.046	0.073	0.059	0.134	0.189	0.034	0.048	0.709	0.491	0.450	0.384	0.002
71	0.276	1.000	0.136	0.037	0.125	0.612	0.154	0.397	0.149	0.106	0.593	0.978	0.461	0.223	0.433
72	0.176	0.196	0.188	0.078	0.053	0.444	0.156	0.199	0.419	0.050	0.729	0.841	0.494	0.464	0.402
73	0.140	0.032	0.304	0.085	0.284	0.308	0.154	0.244	0.394	0.010	0.384	0.597	0.511	0.330	0.083
74	0.098	0.068	0.239	0.079	0.149	0.508	0.177	0.366	0.223	0.031	0.477	0.554	0.753	0.559	0.102
75	0.046	0.001	0.108	0.060	0.051	0.376	0.202	0.237	0.028	0.037	0.517	0.474	0.493	0.434	0.039
76	0.578	0.146	0.751	0.281	0.855	0.754	0.130	0.220	0.465	0.318	0.549	0.752	0.623	1.000	0.602
77	0.412	0.164	0.838	0.302	0.353	0.706	0.267	0.250	0.515	0.048	0.471	0.619	0.692	0.216	0.273
78	0.089	0.024	0.276	0.050	0.016	0.396	0.148	0.405	0.540	0.050	0.513	0.592	0.539	0.754	0.024
79	0.127	0.044	0.395	0.074	0.081	0.482	0.517	0.308	0.527	0.101	0.495	0.743	0.670	0.072	0.096
80	0.033	0.013	0.067	0.007	0.068	0.291	0.090	0.206	0.041	0.003	0.421	0.588	0.505	0.101	0.034
81	0.047	0.028	0.102	0.012	0.033	0.385	0.124	0.179	0.097	0.000	0.382	0.618	0.494	0.710	0.029
82	0.108	0.022	0.267	0.021	0.171	0.515	0.163	0.132	0.207	0.003	0.759	0.545	0.550	0.987	0.075
83	0.386	0.126	0.509	0.032	0.320	0.580	0.123	0.144	0.605	0.003	0.560	0.678	0.664	0.405	0.269
84	0.017	0.123	0.009	0.002	0.004	0.267	0.026	0.316	0.038	(0.000)	0.141	0.913	0.288	0.000	0.003
85	0.172	0.058	0.342	0.155	0.056	0.265	0.188	0.243	0.307	0.050	0.562	0.673	0.432	0.144	0.367
86	0.148	0.036	0.509	0.045	0.133	0.423	0.382	0.299	0.164	0.089	0.333	0.584	0.580	0.143	0.140
87	0.186	0.047	0.559	0.269	0.119	0.886	0.255	0.310	0.131	0.009	0.461	0.446	0.615	0.143	0.090
88	0.087	0.019	0.213	0.090	0.079	0.324	0.252	0.324	0.066	0.010	0.594	0.639	0.498	0.144	0.136
89	0.082	0.053	0.186	0.098	0.030	0.357	0.210	0.248	0.086	0.002	0.373	0.612	0.507	0.101	0.063
90	0.176	0.047	0.394	0.132	0.048	0.476	0.274	0.303	0.184	0.048	0.389	0.469	0.511	0.144	0.133
91	0.228	0.061	0.432	0.084	0.105	0.538	0.467	0.299	0.170	0.032	0.509	0.756	0.744	0.144	0.469
92	0.217	0.106	0.521	0.188	0.115	0.356	0.266	0.269	0.191	0.090	0.544	0.524	0.561	0.131	0.153
93	0.204	0.106	0.442	0.068	0.157	0.308	0.373	0.296	0.245	0.125	0.662	0.676	0.663	0.144	0.376
94	0.062	0.083	0.110	0.011	0.030	0.270	0.134	0.151	0.122	0.000	0.542	0.828	0.498	0.144	0.058
95	0.320	0.181	0.804	0.232	1.000	0.613	0.244	0.000	0.139	0.081	0.000	0.000	0.000	0.000	0.130
96	0.153	0.047	0.520	0.211	0.119	0.383	0.185	0.169	0.183	0.046	0.413	0.338	0.536	0.275	0.044
97	0.158	0.044	0.460	0.121	0.158	0.568	0.237	0.214	0.083	0.062	0.870	0.607	0.548	0.413	0.027

续表

单位	X1	X2	X3	X4	X5	X6	X7	X8	X9	X10	X11	X12	X13	X14	X15
98	0.124	0.029	0.285	0.071	0.128	0.532	0.306	0.267	0.106	0.007	0.883	0.662	0.538	0.959	0.151
99	0.142	0.024	0.420	0.089	0.059	0.583	0.388	0.266	0.139	0.171	0.883	0.526	0.537	0.526	0.089
100	0.329	0.050	0.925	0.168	0.441	0.691	0.555	0.330	0.749	0.247	0.861	0.806	0.599	0.509	0.282
101	0.348	0.108	0.556	0.088	0.185	0.574	0.179	0.271	0.364	0.106	0.893	0.764	0.607	0.419	0.442
102	0.245	0.046	0.615	0.103	0.239	0.836	0.445	0.302	0.733	0.195	0.991	0.703	0.647	0.334	0.169
103	1.000	0.767	0.937	1.000	0.186	1.000	0.279	0.367	1.000	0.198	0.955	0.867	0.686	0.669	0.568
104	0.141	0.083	0.298	0.085	0.207	0.658	0.437	0.310	0.084	0.025	0.941	0.703	0.673	0.471	0.103
105	0.171	0.101	0.422	0.138	0.363	0.531	0.186	0.239	0.211	0.077	0.964	0.709	0.664	0.558	0.077
106	0.171	0.044	0.407	0.128	0.173	0.638	0.163	0.269	0.099	0.047	0.742	0.462	0.646	0.477	0.100
107	0.205	0.060	0.457	0.088	0.257	0.633	0.291	0.296	0.111	0.065	0.874	0.766	0.687	0.583	0.134
108	0.179	0.099	0.134	0.176	0.005	0.612	0.362	0.487	0.232	0.212	1.000	0.849	0.679	0.813	0.076
109	0.043	0.069	0.132	0.059	0.010	0.246	0.156	0.134	0.242	0.004	0.570	0.765	0.516	0.049	0.044
110	0.038	0.052	0.108	0.027	0.083	0.215	0.073	0.164	0.143	0.004	0.725	0.498	0.491	0.097	0.018
111	0.045	0.017	0.167	0.043	0.033	0.211	0.169	0.122	0.147	0.007	0.721	0.608	0.443	0.128	0.017
112	0.032	0.011	0.129	0.016	0.004	0.220	0.154	0.263	0.231	0.007	0.663	0.768	0.443	0.086	0.009
113	0.068	0.033	0.215	0.088	0.115	0.218	0.141	0.114	0.155	0.012	0.842	0.786	0.491	0.124	0.027
114	0.041	0.025	0.139	0.088	0.025	0.216	0.121	0.117	0.121	0.047	0.671	0.544	0.474	0.346	0.013
115	0.097	0.032	0.189	0.073	0.053	0.237	0.117	0.158	0.189	0.020	0.627	0.475	0.462	0.067	0.041
116	0.021	0.073	0.035	0.031	0.027	0.223	0.091	0.794	0.088	0.001	0.681	0.962	0.476	0.103	0.038
117	0.023	0.029	0.070	0.018	0.022	0.212	0.200	0.196	0.110	0.009	0.917	0.608	0.521	0.139	0.007
118	0.099	0.036	0.123	0.069	0.032	0.282	0.077	0.135	0.141	0.001	0.507	0.487	0.781	0.132	0.063
119	0.050	0.010	0.074	0.015	0.014	0.239	0.119	0.069	0.052	0.000	0.811	0.683	0.786	0.166	0.052
120	0.112	0.020	0.204	0.065	0.043	0.228	0.262	0.156	0.152	0.000	0.709	0.685	0.865	0.403	0.060
121	0.169	0.024	0.329	0.068	0.115	0.455	0.647	0.225	0.097	0.009	0.698	0.817	1.000	0.201	0.094
122	0.021	0.007	0.036	0.007	0.007	0.230	0.089	0.076	0.063	0.000	0.664	0.554	0.806	0.123	0.041
123	0.018	0.014	0.011	0.014	0.001	0.224	0.084	0.051	0.010	0.000	0.758	0.685	0.816	0.140	0.015
124	0.074	0.017	0.102	0.054	0.022	0.329	0.159	0.086	0.128	0.000	0.725	0.685	0.715	0.126	0.055
125	0.161	0.060	0.118	0.077	0.027	0.349	0.139	0.110	0.302	0.006	0.792	0.759	0.874	0.126	0.074
126	0.220	0.302	0.072	0.146	0.090	0.508	0.062	0.424	0.124	0.040	0.819	1.000	0.631	0.593	0.457
127	0.100	0.066	0.143	0.026	0.037	0.307	0.128	0.241	0.044	0.077	0.755	0.784	0.573	0.144	0.136
128	0.125	0.085	0.196	0.022	0.059	0.339	0.286	0.511	0.076	0.029	0.789	0.954	0.685	0.143	0.138

续表

单位	X1	X2	X3	X4	X5	X6	X7	X8	X9	X10	X11	X12	X13	X14	X15
129	0.109	0.069	0.107	0.088	0.004	0.310	0.127	0.428	0.075	0.169	0.748	0.783	0.586	0.125	0.289
130	0.054	0.081	0.040	0.060	0.002	0.302	0.096	0.213	0.051	0.017	0.775	0.653	0.561	0.125	0.114
131	0.034	0.024	0.052	0.026	0.016	0.201	0.095	0.377	0.130	0.101	0.376	0.455	0.357	0.067	0.062
132	0.106	0.044	0.156	0.125	0.067	0.384	0.305	0.186	0.029	0.124	0.504	0.499	0.512	0.321	0.036
133	0.177	0.120	0.220	0.043	0.031	0.436	0.291	0.431	0.228	0.166	0.771	0.653	0.553	0.367	0.080
134	0.164	0.178	0.175	0.060	0.160	0.273	0.249	0.442	0.066	0.097	0.569	0.643	0.558	0.405	0.058
135	0.103	0.135	0.161	0.054	0.059	0.271	0.209	0.341	0.068	0.097	0.560	0.614	0.565	0.376	0.062
136	0.180	0.119	0.215	0.036	0.070	0.311	0.188	0.385	0.229	0.234	0.712	0.852	0.515	0.364	0.078
137	0.275	0.260	0.214	0.074	0.124	0.487	0.203	0.371	0.185	0.212	0.810	0.839	0.623	0.492	0.102
138	0.112	0.242	0.172	0.031	0.031	0.281	0.112	0.551	0.096	0.241	0.335	0.487	0.519	0.210	0.041
139	0.128	0.199	0.115	0.054	0.069	0.202	0.087	0.157	0.170	0.098	0.435	0.616	0.514	0.275	0.027
140	0.207	0.146	0.022	0.019	0.007	0.296	0.093	0.176	0.021	0.000	0.539	0.618	0.567	0.428	0.032
141	0.021	0.018	0.086	0.056	0.041	0.162	0.101	0.216	0.057	0.202	0.160	0.251	0.384	0.123	0.005
142	0.064	0.090	0.232	0.045	0.064	0.000	0.073	0.431	0.108	0.327	0.000	0.000	0.628	0.090	0.013
143	0.006	0.011	0.022	0.013	0.002	0.226	0.054	0.404	0.068	0.011	0.057	0.365	0.238	0.081	0.001
144	0.119	0.075	0.558	0.085	0.020	0.425	0.225	0.425	0.034	1.000	0.261	0.841	0.343	0.013	0.015

（二）公因子分析

对原始数据进行预处理后，运用全局因子分析法对数据进行分析，对所选择的指标和数据能否适用于因子分析进行检验。对兵团现代农业发展方式评价指标体系的 15 个指标数据进行实证分析，得到表 4 - 7 的检验结果，KMO 检验统计量为 0.767 大于 0.5 检验通过；巴特利球体检验统计值的显著性概率为 0.000，在 0.05 的显著性水平下，p 值小于 0.05，则是较为显著的，该检验是通过的。两项检验均表明数据适用于全局因子分析。

表 4 - 7 KMO 和巴特利检验结果

KMO 检验统计值		0.767
巴特利（Bartlett）球体检验	Approx. Chi - Square	1225.224
	df	105
	Sig.	0.000

运用 SPSS 17.0 统计软件做因子分析，得到了全局因子分析的特征值、特征值方差贡献率、累积方差贡献率及旋转后的因子载荷矩阵（见表 4 - 8、表 4 - 9）。从表 4 - 8 可以看出，前 6 个特征值累计贡献率已经达到 80.326%，即保留了原有指标 80.326% 的信息，说明前 6 个公因子基本包含了原有指标包含的信息，故提取前 6 个公因子（6 个公因子分别用 F1、F2、F3、F4、F5、F6 表示）。

表 4 - 8 公因子的总方差分解

成分	初始特征值			提取平方和载入		
	合计	方差率	累积贡献率	合计	方差的%	累积%
1	5.310	35.401	35.401	5.310	35.401	35.401
2	2.146	14.307	49.708	2.146	14.307	49.708
3	1.858	12.387	62.095	1.858	12.387	62.095
4	1.161	7.738	69.833	1.161	7.738	69.833
5	0.872	5.813	75.645	0.872	5.813	75.645
6	0.702	4.680	80.326	0.702	4.680	80.326

表 4 - 9 各主成分特征向量

变量	成分					
	1	2	3	4	5	6
X1	0.172	- 0.124	- 0.036	0.059	- 0.084	- 0.156
X2	0.086	- 0.194	0.071	0.535	0.175	- 0.306
X3	0.161	0.069	- 0.198	- 0.133	- 0.089	0.096
X4	0.143	- 0.111	- 0.093	0.050	- 0.102	- 0.559
X5	0.097	- 0.199	- 0.153	- 0.286	0.215	0.545
X6	0.166	0.045	- 0.032	- 0.119	0.042	- 0.018
X7	0.107	0.313	- 0.036	- 0.060	- 0.071	0.220
X8	0.076	0.292	- 0.003	0.380	0.161	0.100
X9	0.106	- 0.211	0.040	- 0.066	- 0.370	- 0.021
X10	0.089	0.245	- 0.214	0.151	0.184	- 0.047
X11	0.070	0.023	0.400	- 0.219	0.138	- 0.126
X12	0.054	0.039	0.428	0.212	0.061	0.352
X13	0.072	0.185	0.211	- 0.181	- 0.605	- 0.156
X14	0.089	0.003	0.142	- 0.329	0.666	- 0.244
X15	0.104	- 0.174	0.051	0.216	- 0.094	0.635

注：提取方法：主成分。

（三）评价模型的构建

主成分表达式为特征向量（见表 4 - 9）与标准化后的数据（见表 4 - 6）相乘，函数模型即

$$F_1 = a_{11}x_{11} + a_{21}x_{12} + \cdots + a_{p1}x_{1p}$$

$$F_2 = a_{12}x_{21} + a_{22}x_{22} + \cdots + a_{p2}x_{2p}$$

……

$$F_k = a_{1k}x_{k1} + a_{2k}x_{k2} + \cdots + a_{pk}x_{kp}$$

由上述公式，结合表 4 - 13 与标准化后的数据（见表 4 - 6），计算出各主成分因子得分。

$F_1 = 0.172X1 + 0.086X2 + 0.161X3 + 0.143X4 + 0.097X5 + 0.166X6 + 0.107X7 + 0.076X8 + 0.106X9 + 0.089X10 + 0.07X11 + 0.054X12 + 0.072X13 + 0.089X14 + 0.104X15$

$F_2 = -0.124X1 - 0.194X2 + 0.069X3 - 0.111X4 - 0.199X5 + 0.045X6 + 0.313X7 + 0.292X8 - 0.211X9 + 0.245X10 + 0.023X11 + 0.039X12 + 0.185X13 + 0.003X14 - 0.174X15$

$F_3 = -0.036X1 + 0.071X2 - 0.198X3 - 0.093X4 - 0.153X5 - 0.032X6 - 0.036X7 - 0.003X8 - 0.211X9 + 0.245X10 + 0.023X11 + 0.039X12 + 0.185X13 + 0.003X14 - 0.174X15$

$F_4 = 0.059X1 + 0.535X2 - 0.133X3 + 0.05X4 - 0.286X5 - 0.119X6 - 0.06X7 + 0.38X8 - 0.066X9 + 0.151X10 - 0.219X11 + 0.212X12 - 0.181X13 - 0.329X14 + 0.216X15$

$F_5 = -0.084X1 + 0.175X2 - 0.089X3 - 0.102X4 + 0.215X5 + 0.042X6 - 0.071X7 + 0.161X8 - 0.37X9 + 0.184X10 + 0.138X11 + 0.061X12 - 0.605X13 + 0.666X14 - 0.094X15$

$F_6 = -0.156X1 - 0.306X2 + 0.096X3 - 0.559X4 + 0.545X5 - 0.018X6 + 0.22X7 + 0.1X8 - 0.021X9 - 0.047X10 - 0.126X11 + 0.352X12 - 0.156X13 - 0.244X14 + 0.635X15$

$$F = F_1 + F_2 + F_3 + F_4 + F_5 + F_6$$

将上述数据与表 4 - 10 标准化数据相乘后，得到各个团场的综合评价分值。如表 4 - 10 所示。

表 4 – 10　兵团各团场评价分值

分值（分）	团场
X≥7	八师石河子总场
7≥X≥5	1 师 10 团、1 师 12 团、1 师 13 团、1 师 16 团、2 师 33 团、2 师 34 团、2 师 36 团、8 师 142 团、8 师 144 团、8 师 152 团
5≥X≥4	1 师 1 团、1 师 2 团、1 师 3 团、1 师 7 团、1 师 8 团、1 师 11 团、1 师 14 团、2 师 29 团、2 师 31 团、3 师 45 团、3 师 48 团、4 师 73 团、6 师 101 团、6 师芳草湖农场、6 师新湖农场、6 师共青团农场、7 师 129 团、7 师 131 团、8 师 121 团、8 师 143 团、8 师 147 团、8 师 150 团、10 师 184 团、12 师 104 团、12 师 51 农场、13 师红星 1 场、13 师火箭农场
4≥X≥3	1 师 5 团、1 师 6 团、2 师 22 团、2 师 27 团、2 师 30 团、3 师 41 团、3 师 44 团、3 师 46 团、3 师 49 团、3 师 50 团、4 师 62 团、4 师 63 团、4 师 66 团、4 师 70 团、4 师 71 团、4 师 78 团、5 师 81 团、5 师 83 团、5 师 86 团、5 师 89 团、5 师 90 团、6 师 102 团、6 师 105 团、6 师军户农场、6 师红旗农场、6 师奇台农场、7 师 123 团、7 师 124 团、7 师 125 团、7 师 126 团、7 师 128 团、7 师 130 团、8 师 133 团、8 师 134 团、8 师 136 团、8 师 141 团、8 师 148 团、8 师 149 团、9 师 165 团、9 师 166 团、9 师 170 团、9 师团结农场、10 师 182 团、10 师 183 团、10 师 187 团、10 师 188 团、12 师三坪农场、12 师头屯河农场、12 师西山农场、13 师红星二场、13 师红星四场、13 师黄田农场、13 师柳树泉农场、14 师 224 团
3≥X≥2	
2≥X≥1	1 师 4 团、2 师 21 团、2 师 223 团、2 师 24 团、2 师 25 团、2 师 38 团、8 师 121 团、14 师 47 团、14 师皮山农场、14 师一牧场、3 师 42 团、3 师 51 团、3 师 53 团、3 师伽师总场、3 师叶城二牧场、4 师 61 团、4 师 64 团、4 师 67 团、4 师 68 团、4 师 69 团、4 师 72 团、4 师 74 团、4 师 75 团、4 师 76 团、4 师 77 团、4 师 79 团、5 师 84 团、5 师 87 团、5 师 88 团、5 师 91 团、6 师 103 团、6 师 106 团、6 师六运湖农场、6 师土墩子农场、6 师北塔山牧场、7 师 127 团、7 师 137 团、9 师 161 团、9 师 163 团、9 师 164 团、9 师 167 团、9 师 168 团、10 师 181 团、10 师 185 团、10 师 186 团、12 师 221 团、12 师 222 团、13 师红山农场、13 师漳毛湖农场
1≥X≥0	2 师 37 团、3 师东风农场、3 师红旗农场、3 师托云牧场

根据计算结果，将 144 个团场按照经济发展和社会和谐功能评价得分分为 3 类：一类团场得分在 4 以上，表明团场现代农业发展基础、资源禀赋、未来发展潜力等都较好，未来应以增强现代农业的经济发展功能为己任，努力发展壮大经

济,视为核心团场;二类团场得分在 2~4,介于一类团场和三类团场之间,团场应在维护社会稳定和谐的基础上,加快发展经济,壮大自身实力(见表 4 - 11);三类团场得分在 2 以下,表明团场现代农业发展基础、资源禀赋、未来发展潜力都较差,团场应以维护社会稳定为己任,立足现实,适度发展经济。二类、三类团场又进一步划分为戍边型团场和生态型团场。

表 4-11 兵团团场现代农业经济发展和社会和谐功能评价分类

区域	师	团场数	一类团场	二类团场	三类团场
南疆地区	一师	14	1 团、2 团、3 团、7 团、8 团、10 团、11 团、12 团、13 团、14 团、16 团	5 团、6 团	4 团
	二师	14	29 团、31 团、33 团、34 团、36 团	22 团、27 团、30 团	21 团、24 团、25 团、37 团、223 团、38 团
	三师	15	45 团、48 团	41 团、44 团、46 团、49 团、50 团	东风农场、红旗农场、托云牧场叶城二牧场、伽师总场、42 团、51 团、53 团
	十四师	4		224 团	47 团、皮山农场、一牧场
北疆地区	四师	18	73 团	62 团、63 团、66 团、70 团、71 团、78 团	61 团、64 团、67 团、68 团、69 团、72 团、74 团、75 团、76 团、77 团、79 团
	五师	9		81 团、83 团、86 团、89 团、90 团	84 团、87 团、88 团、91 团
	六师	14	101 团、芳草湖农场、新湖农场、共青团农场	102 团、105 团、军户农场、红旗农场、奇台农场	103 团、106 团、六运湖农场、土墩子农场、北塔山牧场
	七师	10	129 团、131 团	123 团、124 团、125 团、126 团、128 团、130 团	127 团、137 团
	八师	14	石河子总场、142 团、144 团、152 团、143 团、147 团、150 团	133 团、134 团、136 团、141 团、148 团、149 团	121 团

续表

区域	师	团场数	一类团场	二类团场	三类团场
北疆地区	九师	9		165团、166团、170团、团结农场	161团、163团、164团、167团、168团
	十师	8	184团	182团、183团、187团、188团	181团、185团、186团
	十二师	7	104团、五一农场	三坪农场、头屯河农场、西山农场	221团、223团
东疆垦区	十三师	8	红星一场、火箭农场	红星二场、红星四场、黄田农场、柳树泉农场	红山农场、淖毛湖农场
合计		144	37	54	53

四、兵团现代农业维稳戍边功能评价与分类

尽管兵团现代农业发展中均肩负维稳戍边职能，但部分团场因地处边境地区、少数民族地区和南疆维稳形势严峻地区，现代农业发展中肩负的维稳戍边职能更为突出。结合边境团场、少数民族聚居团场和维稳任务繁重团场分布，本书将现代农业维稳戍边功能突出的58个边境团场和36个少数民族聚居团场（团场合并前37个）称为"维稳戍边型"团场。

兵团共驻守2019千米边境线，十三师驻守的边境线最长达到439千米。根据距离边境线远近，将58个团场划为边境团场（见表4-12）。因少数民族聚居团场面临着社会稳定的重要任务，维稳戍边任务更加繁重。本文将少数民族占团场总人口30%以上的团场称为少数民族聚居团场，如表4-13所示。

表4-12　兵团边境团场分布状况　　　　单位：个，千米

所在区域	边境师	团场数	边境团场名单	边境地区	边境线
南疆地区	一师	2	4团、5团	中吉	70
	三师	2	伽师总场、叶城二牧场	中吉	70
	十四师	1	皮山农场		
北疆地区	四师	12	61团、62团、63团、64团、66团、67团、68团、69团、74团、75团、76团、77团	中哈	405
	五师	7	81团、84团、86团、87团、88团、89团、90团	中哈	385

续表

所在区域	边境师	团场数	边境团场名单	边境地区	边境线
北疆地区	六师	3	红旗农场、北塔山牧场、奇台农场	中蒙	112
	七师	1	137团	中哈	58
	九师	9	161团、163团、164团、165团、166团、167团、168团、170团、团结农场	中哈	380
	十师	8	181团、182团、183团、184团、185团、186团、187团、188团	中哈、中蒙	100
东疆垦区	十三师	3	红星四场、红山农场、淖毛湖农场	中蒙	439
合计		58			2019

表4-13　兵团少数民族聚居团场分布状况

所在区域	师	团场数	少数民族聚居团场
南疆地区	二师	1	223团
	三师	12	44团（52团合并入44团）、43团（合并入45团）、莎车农场（合并入46团）、49团、50团、51团、53团、伽师总场、东风农场、红旗农场、叶城二牧场、托云牧场
	十四师	3	皮山农场、47团、一牧场
北疆地区	四师	6	64团、67团、76团、77团、78团、79团
	六师	5	军户农场、六运湖农场、土墩子农场、107团（合并入红旗农场）、北塔山牧场
	九师	1	170团
	十二师	4	三坪农场、五一农场、头屯河农场、西山农场
东疆垦区	十三师	4	黄田农场、红星一牧场（合并入红山农场）、柳树泉农场、红星二牧场（合并入红星四场）
合计		36	

五、兵团现代农业生态文明功能评价与分类

　　尽管兵团团场现代农业发展中均肩负着生态文明功能，但部分团场因地处沙漠边缘、生态孤岛，或处于重要江河源头、重要水源补给区和生物多样性维护区，现代农业肩负的生态文明功能更为突出。结合兵团主体功能区规划，对兵团团场现代农业发展所需肩负的生态文明功能进行评价和分类，将团场现代农业发

展中生态文明功能为最突出的划为"生态型"团场。

36团因地处国家级罗布泊野骆驼自然保护区，4团、5团、74团因地处国家级托木尔自然保护区，72团因地处西天山自然保护区，90团、91团因地处国家级艾比湖湿地自然保护区，107团因地处国家级天山天池风景名胜区，被确定为国家级禁止开发区；88团、61团因地处北鲵温泉自然保护区，被确定为兵团级禁止开发区。虽禁止开发地区只覆盖这些团场的部分区域，但这些地区开发的原则是严格控制人为因素对自然生态和文化自然遗产原真性、完整性的干扰，在确保履行屯垦戍边使命的前提下，引导人口逐步有序地转移，实现污染物"零排放"，提高环境质量。这些团场在现代农业开发过程中，应以农业的生态功能为主导，保持适量的人口规模和适度的农业活动。

二师36团、37团、38团因地处阿尔金草原荒漠化防治生态功能区，十师183团、187团、188团、181团、182团、185团、186团、189团、190团因地处阿尔泰山地森林草原生态功能区，三师44团、49团、50团、51团、52团、53团、42团、43团、45团、46团、48团和莎车农场、叶城牧场、伽师总场、托云牧场、东风农场，十四师47团、224团，一牧场、皮山农场因地处塔里木河荒漠化防治生态功能区，被确定为国家级重点生态功能区。四师78团、79团因地处天山西部森林草原生态功能区，88团因地处夏尔西里山地森林生态功能区，九师161团、170团因地处准噶尔西部荒漠草原生态功能区，十三师红星一牧场、淖毛湖农场因地处准噶尔东部荒漠草原生态功能区，被确定为兵团级生态功能区。生态功能区的功能定位是保障国家及新疆生态安全的重点区域。因此这些团场在现代农业发展过程中，农业的生态功能应为最主要功能，在农业生产中应以保障生态安全、修复生态环境和提供生态产品为首要任务，不断增强涵养水源、防风固沙的能力，如表4-14所示。

表4-14　兵团生态型团场分布状况

所在区域	师	团场数	生态型团场
南疆地区	一师	3	3团、4团、5团
	二师	3	36团、37团、38团
	三师	16	东风农场、托云牧场、叶城二牧场、伽师总场、42团、43团、44团、45团、46团、48团、49团、50团、51团、52团、53团、莎车农场
	十四师	4	224团、皮山农场、一牧场、47团

续表

所在区域	师	团场数	生态型团场
北疆地区	四师	5	61团、72团、74团、78团、79团
	五师	3	88团、90团、91团
	六师	1	107团
	九师	2	161团、170团
	十师	9	183团、187团、188团、181团、182团、185团、186团、189团、190团
东疆垦区	十三师	2	红星一牧场、淖毛湖农场
合计		48	

注：本表结合《新疆生产建设兵团主体功能区规划》制定。

　　基于"五位一体"农业多功能理论，结合经济发展、社会和谐、维稳戍边、生态型团场分布，将团场分为经济发展型团场、维稳戍边型团场和生态型团场。经济发展型团场现代农业发展以提高农业发展质量为己任，通过提高现代农业发展质量，壮大团场综合实力；维稳戍边型团场现代农业发展以巩固维稳戍边基础为己任，通过发展现代农业，奠定较好的物质和人力基础，维护区域稳定和谐；生态型团场现代农业发展主要任务为改善团场生态条件，提高团场生态文明。如表4-15所示。

表4-15　基于经济发展、维稳戍边、生态建设功能的兵团团场分布

区域	师	经济发展型团场	维稳戍边型团场	生态型团场
南疆地区	一师	1团、2团、3团、7团、8团、10团、11团、12团、13团、14团、16团	4团、5团	3团、4团、5团
	二师	29团、31团、33团、34团、36团	223团	36团、37团、38团
	三师		东风农场、红旗农场、托云牧场、叶城二牧场、伽师总场、42团、51团、53团、44团、43团（合并入45团）、莎车农场（合并入46团）、49团、50团、51团、53团	东风农场、托云牧场、叶城二牧场、伽师总场、42团、43团、44团、45团、46团、48团、49团、50团、51团、52团、53团、莎车农场

续表

区域	师	经济发展型团场	维稳成边型团场	生态型团场
南疆地区	十四师		224 团、皮山农场、一牧场、47 团	224 团、47 团、皮山农场、一牧场
北疆地区	四师	68 团	61 团、62 团、63 团、64 团、66 团、67 团、68 团、69 团、74 团、75 团、76 团、77 团	61 团、72 团、74 团、78 团、79 团
	五师	89 团	81 团、84 团、86 团、87 团、88 团、89 团、90 团	88 团、90 团、91 团
	六师	101 团、102 团、103 团、芳草湖农场、新湖农场、共青团农场	红旗农场、北塔山牧场、奇台农场	107 团
	七师	130 团	137 团	
	八师	石河子总场、142 团、144 团、152 团、143 团、147 团、150 团		
	九师		161 团、163 团、164 团、165 团、166 团、167 团、168 团、170 团、团结农场	161 团、170 团
	十师		181 团、182 团、183 团、184 团、185 团、186 团、187 团、188 团	183 团、187 团、188 团、181 团、182 团、185 团、186 团、189 团、190 团
	十二师	104 团、五一农场、三坪农场、头屯河农场、西山农场	三坪农场、头屯河农场、西山农场	
东疆垦区	十三师	黄田农场、红星一场、火箭农场	红星四场、红山农场、淖毛湖农场	红山农场、淖毛湖农场
合计		40	73	48

注：当经济发展职能和维稳成边、生态建设职能发生冲突时，应以维稳成边和生态建设职能为重。

第五章 兵团现代农业"五位一体"功能实现评价

第一节 经营主体对兵团现代农业"五位一体"功能实现主观评价

以实地考察和当地基层干部、群众访谈式调查以及资料收集、年鉴分析为主,对三种类型的团场分别进行访谈式问卷调查与汇总,本次调查共发放问卷190份,回收有效问卷共计157份,有效率82.63%。其中被调查者男女比例分别为53.07%和46.93%,年龄组成主要分布在25~55岁、55岁以上占极少数,其中,36~55岁的被访问者占31.71%,25~35岁占36.93%。本次调查的基本框架如图5-1所示。

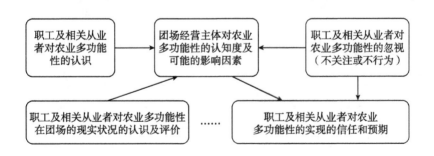

图5-1 本次调查的基本框架

一、调查对象及数据来源

本次调查的数据来源于2015年7月至2016年2月对三大类型团场分别随机

抽取 190 个调研对象，采用随机调查和访谈式问卷调查与汇总。因为南北疆边境、沙漠边缘及核心团场区域经济发展水平差异较大，因此分别从三种类型团场中选择 165 团、185 团、186 团、181 团、187 团、9 团、10 团、12 团、128 团、150 团、131 团、石总场和三坪农场作为样本，每种类型团场随机抽取 55~80 个调研对象。除无效样本，进入模型的有效数据为 157 份，样本有效率为 82.63%。

二、调查变量选取

除去分析农业发展本身的制约性因素（农业生产自然因素、农业生产经济因素、农业生产社会因素）。根据三种类型团场所在区域的代表来分析农业生产发展区域的差异分析所体现的不同的制约因素。

表 5 - 1　模型变量赋值及释义

变量	赋值及说明
认知程度与生产行为的差异	不了解且不行为含负行为 =1（参照组），不认知但正行为 =2，认知且正行为 =3
解释变量	
个人特征	
性别	男 =1，女 =0
年龄（岁）	25 及以下 =1，26~35 =2，36~45 =3，46~55 =4，55 以上 =5
受教育程度	小学及以下 =1，初中 =2，高中（含中专）=3，大专及以上 =4
社会经济特征	
家庭人均收入（元）	1200 及以下 =1，1201~2000 =2，2001~2500 =3，2501~3000 =4，3001~3500 =5
从事农业活动时，是否关注农业多功能性	关注 =1，不关注 =0
对农业多功能性的认知	
了解程度	完全不了解 =1，不太了解 =2，不确定 =3，比较了解 =4，完全了解 =5
是否关注生态、文化功能	不关注 =0，关注 =1
是否从事新型科学农业	不关注 =0，关注 =1

三、模型选择分析

调查收集的数据由于较为离散，而理想的数据分析则是通过概率选择模型。

即将分类产生出的因变量通过逻辑回归模型转为分类变量概率比，职工及相关从业者对农业多功能性的认知程度与生产行为的差异分析采用多元无序逻辑回归模型，其中参数的估计采用极大似然法，模型为 $ZI = a + biXi + u$，其中，bi 为估计系数矩阵，Xi 为职工及相关从业者的个人特征、社会经济特征和对农业多功能性的认知的解释变量矩阵，u 为其中的误差项。职工及相关从业者对农业多功能性的认知程度与生产行为是否一致的概率为 $P = F(ZI) = F(a + biXi + u) = \dfrac{1}{1 + e^{-zi}} = \dfrac{1}{1 + e^{-(a+bxi)}}$，其中，$ZI = a + biXi + u$，$e$ 为自然对数的底，估计式为 $\ln\left(\dfrac{pi}{1 - pi}\right) = Zi$。

四、对农业多功能性的认知情况分析

（一）农业多功能性实现的总体认知情况分析

通过表 5 - 2 可以清晰地总结出：就整体调查者来说，对于"五位一体"农业多功能性实现的总体认知情况了解人数较多的是核心团场，超过 50% 的调查者都表示了解，而沙漠边缘团场和核心团场的调查者则明显了解的人数比较少，基本保持在 26% ~ 27%。具体的三种类型按照五个方面的了解程度的汇总对比看。

表5 - 2　农业多功能性实现的总体认知情况

	了解	了解一部分	不了解
（1）边境团场调查对象对农业多功能性的认知情况			
"五位一体"整体认识	15	36	4
认为经济功能实现得好	11	19	25
认为戍边功能实现得好	30	13	2
认为社会功能实现得好	25	27	3
认为文化功能实现得好	7	13	35
认为生态功能实现得好	17	9	19
（2）核心团场调查对象对农业多功能性的认知情况			
"五位一体"整体认识	43	23	14
认为经济功能实现得好	33	29	18
认为戍边功能实现得好	27	31	22

	了解	了解一部分	不了解
认为社会功能实现得好	45	20	15
认为文化功能实现得好	16	21	43
认为生态功能实现得好	19	23	38
(3) 沙漠边缘团场调查对象对农业多功能性的认知情况			
"五位一体"整体认识	13	29	13
认为经济功能实现得好	31	17	7
认为戍边功能实现得好	29	18	8
认为社会功能实现得好	15	19	21
认为文化功能实现得好	10	9	36
认为生态功能实现得好	13	20	22

(1) 边境团场被调查者对于五种功能的了解情况，根据人数由多到少可以简单地排序为：戍边—社会—生态—经济—文化，他们中的大多数人还是保持着稳定、吃饱穿暖就满足了的生活状态，对于社会功能和戍边功能的认识高于一切其他功能的认知程度，但也不是完全不关注这些功能的实现，更多的可能是由于自然环境及相关的资源禀赋差距造成的心理及行动上的落差，对于完全不了解农业多功能性的调查者来说，可能更多的还是没有足够的经济基础所产生的不利影响，有待于我们去做进一步的研究和考证。

(2) 相比较于边境团场的被调查者，核心团场的被调查者的整体认识程度还是比较好的，除了本身所处的地理位置优势及实现的比较良好的经济状态以外，对戍边和社会功能的认可度还是极高的，这也就对生态、文化等功能的认识和实践打下了比较坚实的基础。根据数字可以看出，对于经济的关注了解的人比不了解的人数要超出百分之十几；值得注意的是，虽然相比较边境团场的被调查者对于文化、生态功能的关注度要高一些，但实际占本身调查人数的比例还不是很高，说明人们对于这些功能的认识更多的还只是停留在认识的层面上，并没有实际的实践或者说具体的行为。这是我们要分析问题的关键所在。

(3) 对于沙漠边缘团场的被调查者的数据分析有别于上两种类型的总结是：整体情况一般，对于整体功能认识的了解只了解一部分的人超过一半，说明本身就对整个功能的认知度不高；就其典型来说，除了对戍边功能的相比较高度认可以外，对于经济功能的认知也一般，这直接导致了对于其他功能认识的缺失和行为，这样反过来制约了其经济及社会的良好和谐发展，也就更谈不上快速高效地发展了。

综上所述，从农业多功能性实现的总体认知情况来看，对于"五位一体"农业多功能性的实现情况，戍边功能实现最好的是核心团场，其次是边境团场，最后是沙漠边缘团场；在经济功能实现比较好的团场排序是核心团场、沙漠边缘团场、边境团场；在生态功能实现方面程度由优及劣的团场排名为沙漠边缘团场、核心团场、边境团场；在文化功能与社会功能方面由优及劣排序的团场都为核心团场到沙漠边缘团场再到边境团场。产生这种情况的原因可能是因为核心团场自身的地理位置处于核心地带与周围的城市衔接紧密，可以将周围先进的技术或者思想传到团场中，这种周边城市的辐射效应带动起团场无论在基础设施、科教文化以及人员素质提升方面都能得到很好的映射作用。因此，核心团场在经济、文化及社会功能的实现方面都优于其他团场。但在生态功能实现方面，沙漠边缘团场实现得最好，主要原因为沙漠边缘团场处于沙漠边缘的位置，对于沙漠治理防护方面有一套强于其他团场的体系，且沙漠边缘团场居住人员生态保护意识祖辈相传，因此在生态功能实现方面优于其他团场。

通过访谈式调查汇总可以得出以下结论：

（1）一多半的调查者对农业多功能性只是一般程度的了解，只有26.75%的人了解农业多功能性具体指什么，7.64%的调查者完全不了解农业多功能性，这是值得我们关注的问题，兵团农业举足轻重的地位所实现的各项农业多功能性应该被大家认识、了解。

（2）对于三种类型的团场分别做调查和汇总，会让我们更加清晰地认识到不同区域特征团场的差异，因不同差异造成的不同制约因素有利于我们更加科学合理地分析其解决方案的相应对策，有助于我们更好地完善农业多功能性在各个团场的实现和不断发展。

（二）职工及相关从业者对农业多功能性的认知

对农业多功能性的主观认知情况如表所示，问卷从调查者对农业多功能性的五个方面的认知情况进行了统计，让调查者对农业多功能性的5个方面做出主观判断陈述，判断得分表示了职工及相关从业者对农业多功能性的客观认知。问及"您是否了解农业多功能性"时，整体了解情况一般，但在判断戍边功能、经济功能与社会功能的实现状况时与实际分析结果一致，且人数占比较多。在生态与文化方面的判断结果与主观实际认知情况产生偏差。

（1）边境团场戍边功能实现的认知情况比较统一且符合实际情况，但对经济和生态功能普遍认识不足，且实现状况不佳，在设计文化功能咨询时基本无人能表述出具有代表性的行为和态度。

（2）核心团场则普遍表现为对经济、社会功能的普遍认同，认为发展得比较好，生态和文化功能相对实现得较好，但总体看来还是有所偏重，其中主要表现形式为：职工参与率要比其他两种类型的团场参与率高得多，可能是促进农业除经济以外的其他功能实现的有利因素。

（3）沙漠边缘团场则主要表现为经济和社会功能的实现，属于三种类型团场的居中水平，生态和文化功能较之南北疆团场来对比，天山北坡经济带附近一带沙漠边缘团场的生态功能要较好一些，但文化功能缺失比较严重，都处在文化产业发展的初级阶段。职工及相关从业者的认知情况与实际情况偏差比较明显的基本是生态和文化功能。

表5-3　职工及相关从业者对农业多功能性的基本认识判断

基本认识（%）	正确	错误	不知道	答案
认为戍边功能实现得好	93.4	3.6	3	√
认为经济功能实现得好	70.1	5.6	24.3	√
认为生态功能实现得好	53.3	24.5	22.2	×
认为文化功能实现得好	33.4	46.3	20.3	×
认为社会功能实现得好	18.9	20.1	61	√
（1）边境团场职工及相关从业者对农业多功能性的基本认识判断				
认为戍边功能实现得好	3.6	96.4	3	√
认为经济功能实现得好	70.1	5.6	24.3	×
认为生态功能实现得好	53.3	24.5	22.2	×
认为文化功能实现得好	33.4	46.3	20.3	√
认为社会功能实现得好	18.9	20.1	61	√
（2）核心团场职工及相关从业者对农业多功能性的基本认识判断				
认为戍边功能实现得好	93.4	3.6	3	√
认为经济功能实现得好	70.1	5.6	24.3	√
认为生态功能实现得好	53.3	24.5	22.2	×
认为文化功能实现得好	33.4	46.3	20.3	×
认为社会功能实现得好	18.9	20.1	61	√
（3）沙漠边缘团场职工及相关从业者对农业多功能性的基本认识判断				
认为戍边功能实现得好	93.4	3.6	3	√

续表

基本认识（%）	正确	错误	不知道	答案
认为经济功能实现得好	70.1	5.6	24.3	√
认为生态功能实现得好	53.3	24.5	22.2	×
认为文化功能实现得好	33.4	46.3	20.3	×
认为社会功能实现得好	18.9	20.1	61	√

（三）农业多功能性认知与行为偏差原因

总体看来，调查者对于生态和文化功能的认识产生偏差的现象比较明显，总结出主体原因主要有受教育程度普遍偏低、对生态的认知能力较弱且行为不妥当现象严重两个大的方面，关于体制方面主要是教育资源的相对流失和基础设施建设的不完善以及相关社会职能的缺失造成的资源浪费、环境改善能力差等现象制约了生态和文化功能的实现。

表5-4 职工及相关从业者对生态、文化功能认识产生偏差的原因

原因	频次（人次）	比例（%）
受教育程度不同，对生态认知能力薄弱	63	40.3
家庭人均收入，对教育投资量不同	54	34.1
关于生态、文化功能的信息宣传力度小	16	10.2
工作环境不同对生态与文化功能信息摄入量存在差别	19	12.3
教育资源与相关配套基础设施少	38	24.1
年龄不同经历不同	14	8.9
（1）边境团场职工及相关从业者对生态、经济功能认识产生偏差的原因		
受教育程度不同，对生态认知能力薄弱	22	40.3
家庭人均收入，对教育投资量不同	19	34.1
关于生态、文化功能的信息宣传力度小	6	10.2
工作环境不同对生态与文化功能信息摄入量存在差别	7	12.3
教育资源与相关配套基础设施少	13	24.1
年龄及阅历差异	5	8.9
（2）核心团场职工及相关从业者对生态、文化功能认识产生偏差的原因		
受教育程度不同，对生态认知能力薄弱	22	40.3
家庭人均收入，对教育投资量不同	19	34.1

· 97 ·

续表

原因	频次（人次）	比例（%）
关于生态、文化功能的信息宣传力度小	6	10.2
工作环境不同对生态与文化功能信息摄入量存在差别	7	12.3
教育资源与相关配套基础设施少	13	24.1
年龄阅历差异	5	8.9
（3）沙漠边缘团场职工及相关从业者对生态、文化功能认识产生偏差的原因		
受教育程度不同，对生态认知能力薄弱	53	40.3
家庭人均收入，对教育投资量不同	27	34.1
关于生态、文化功能的信息宣传力度小	8	10.2
工作环境不同对生态与文化功能信息摄入量存在差别	10	12.3
教育资源与相关配套基础设施少	19	24.1
年龄阅历差异	7	8.9

（1）边境团场除了对生态功能、文化功能的认识不足之外，还存在对经济功能的认识偏差问题，这不同于其他两种类型团场，环境脆弱但不能忽视经济功能不单单是满足温饱就能实现的，要认识到经济功能的良好发展是与其他功能相互促进、相辅相成的。

（2）沙漠边缘和核心团场调查者对于生态和文化功能认识产生偏差的原因有：过分追求经济利益而对生态忽视且不关乎文化及相关产业联结机制的发展，只看重经济和社会效益在农业生产中的重要作用。同时，为生态和文化贡献自己的力量，只是所占比例不大，因此对于整体的判断结果没有正面的冲击影响，但这种行为是不可忽视且应该大力提倡的。

（四）三种类型团场被调查者对各种认知度高低的原因汇总情况

兵团总体对稳定性即成边功能的认知度比较高且符合客观实际，而对于生态和文化功能认知度偏低的普遍因素除了人们的素质及意识不足以外，基本为相关政策体制的宣传、实施以及投资力度不够等原因。①三种类型团场基于成边和经济及社会功能调查者的认知程度较高的原因有，经济形势发展较好、社会稳定，普遍对现行的经营管理体制在经济方面的认知度高，但在社会事务管理方面还是持中立态度，可能的原因是对现行团场经济体制改革的实现没有一个全面的认识和了解，但兵团精神、兵团文化、兵团人方面的认知积极性南北疆差异较大，职工积极性明显北疆核心团场要高于北疆边境团场、东疆及南疆边境团场。与农业生产所带来的经济和社会效益密不可分。总体趋势是以农业的经济和社会功能实现为基础，再考虑农业的生态和文化功能，这是主体认知，并不是具体的实行情况，所以说职工及相关从业者的认知与实际行为还是存在较大偏差的。②边境团场对于戍边和社会功能认知度高的原因有：对社会稳定性的认可和支持是不可忽视的根本使命、经济形势的发展在无形中引导着团场人员对其功能的认识。沙漠边境团场对经济和生态功能认知度高的原因有：对经济现状的满意度高，对于现行的经济形势比较看好，认为农业多功能性的发挥会随着经济的增长而有效实现和全面带动。③核心团场对于社会和文化功能认知度高主要是基于经济发展水平高、基础设施健全、科教文卫体系发展完善等基础之上，对于文化即精神的理解和发扬比较具体且清晰。

表 5-5　职工及相关从业者对不同侧重功能认知度高的原因

原因	频次（人次）	比例（%）
对经济现状的满意度高	54	34.5
管理体制的偏向性大	37	23.6
对社会事务管理满意度一般	29	18.7
对社会稳定的认可	88	56.2
经济形势的正影响	65	41.3
（1）边境团场职工及相关从业者对戍边和社会功能认知度高的原因		
对经济现状的满意度低	6	10.9
管理体制的偏向性大	10	17.7
对社会事务管理满意度高	17	30.1
对社会稳定的认可	20	36.4
经济形势的影响	16	29.8
（2）沙漠边缘团场职工及相关从业者对经济和生态功能认知度高的原因		
对经济现状的满意度高	30	37.8
生态保护意识强	28	34.5
经济形势的正影响	21	26.4
政策的导向	14	17.8
自身所处的地理位置要求	9	10.9

续表

原因	频次（人次）	比例（%）
(3) 核心团场职工及相关从业者对社会和文化功能认知度高的原因		
管理体制的偏向性大	10	17.6
对社会事务管理满意度高	44	18.9
对社会稳定的认可	14	24.6
地理位置优势	40	30.6
基础设施完善	15	27.8

（五）关注行为偏好的总体及分类情况

从总体关注度分析来看，调查者对于经济、戍边和社会功能的关注度是极高的，相较之下，对于生态和文化功能的关注度要低很多，这也是兵团各类型团场普遍存在的一个问题。

（1）边境团场调查者整体对农业多功能性的关注与不关注程度主要差别表现在文化和经济方面，但其对戍边和相关社会功能的实现具有无可替代的代表性作用，因此怎样依靠稳定来带动其他相关职能的发挥和完善是这类型团场农业经营中首要解决的问题。

（2）沙漠边缘团场也首当其冲地将经济功能的关注度推崇得比较高，这也不能忽略了其戍边稳定的功能，主要是相比较的一个状态表述，值得注意的是该类型团场对生态关注度远远大于对其他功能的关注度，当然也是高于其他两种类型的团场对于该功能的重视程度的。因此，如何抓好这一主要矛盾，以解决好生态问题为代表来带动其他功能的全面发挥，从而为其他地区生态建设和生态功能的完善做出表率作用应该成为此类型团场农业经营的代表行动。

（3）核心团场的经济形势本身就要实现得比其他两种类型的团场好，当然是排除其他两种类型团场里某些具有较好经济发展的师、团之外的大部分师团，该类型团场除了具备良好的经济、资源和基础设施完善的优势外，对于文化功能的关注是很高的，我们不能忽视了文化的重要性。因此，在这个基础之上，该类型团场应该把握现行的优势，努力发挥好农业经营中农业文化的发展，这样既有特色，也更具有代表性，在完善农业多功能性的基础之上又很好地实现了对兵团文化、兵团精神、兵团人的伟大继承和弘扬，也就能实现各种类型的团场在农业多功能性方面的优势互补，争取实现农业多功能性在整个兵团的良好健全发展。

表 5 – 6 职工及相关从业者对五位一体关注行为偏好

问题	选项	频次（人次）	比例（%）
戍边功能的实现	不关注	41	26.4
	关注	116	73.6
经济功能的实现	不关注	21	13.1
	关注	136	86.9
生态功能的实现	不关注	89	56.7
	关注	68	43.3
文化功能的实现	不关注	62	39.8
	关注	95	60.2
社会功能的实现	不关注	47	30.2
	关注	110	69.8
（1）边境团场职工及相关从业者对五位一体农业多功能性关注行为偏好			
戍边功能的实现	不关注	15	26.4
	关注	40	73.6
经济功能的实现	不关注	27	49
	关注	28	51
生态功能的实现	不关注	31	56.7
	关注	24	43.3
文化功能的实现	不关注	27	49.9
	关注	28	50.1
社会功能的实现	不关注	17	30.2
	关注	38	69.8
（2）沙漠边缘团场职工及相关从业者对五位一体农业多功能性关注行为偏好			
戍边功能的实现	不关注	20	25.4
	关注	60	74.6
经济功能的实现	不关注	10	13.1
	关注	70	86.9
生态功能的实现	不关注	37	46.4
	关注	43	53.6
文化功能的实现	不关注	45	56.4
	关注	35	43.6
社会功能的实现	不关注	39	49.1
	关注	41	50.9

续表

问题	选项	频次（人次）	比例（%）
（3）核心团场职工及相关从业者对五位一体农业多功能性关注行为偏好			
戍边功能的实现	不关注	40	73.6
	关注	15	26.4
经济功能的实现	不关注	10	20.9
	关注	44	79.1
生态功能的实现	不关注	24	43.3
	关注	31	56.7
文化功能的实现	不关注	22	39.8
	关注	33	60.2
社会功能的实现	不关注	28	50.1
	关注	27	49.9

在上述理论及描述性统计分析的基础之上，运用多元无序 Logistic 模型进行估计，回归结果如表 5 - 7 所示。依据模型的估计结果可知，"家庭人均收入"和"是否关注农业多功能性"等变量都在 1% 的水平上显著，而对于"认知程度""偏好行为"变量上是在 10% 的水平上显著。

表 5 - 7　被调查者对农业多功能性的认知与行为差异

变量	第二类（不认知但行为）		第三类（认知且行为）	
	系数	标准误	系数	标准误
个体特征				
性别	-0.359*	0.196	0.481**	0.213
年龄	0.171	0.099	-0.046	0.131
受教育程度（参照组）				
受教育程度（2）	0.463	0.497	0.327	0.526
受教育程度（3）	-1.104**	0.498	0.792	0.499
受教育程度（4）	-0.903*	0.512	-0.733**	0.367
受教育程度（5）	-1.305*	0.767	-1.059	0.527

续表

变量	第二类（不认知但行为）		第三类（认知且行为）	
	系数	标准误	系数	标准误
社会经济特征				
家庭人均月收入（参照组）				
家庭人均月收入（2）	−0.257	0.569	−0.814*	0.576
家庭人均月收入（3）	−1.091**	0.396	−1.254***	0.439
家庭人均月收入（4）	−1.563***	0.451	−1.651***	0.488
家庭人均月收入（5）	−1.487***	0.330	−2.298***	0.539
是否关注	0.369*	0.138	0.339	0.217
农业多功能性的认知				
了解程度	−0.291**	0.218	−0.243*	0.137
农业多功能性的现状评价	−0.103	0.987	−0.107	0.128

分析第二类（不认知但行为）与第三类（认知且行为）影响因素的差别，就个人特征来说，相比较男性，女性愿意关注除经济以外的各种功能的可能性也较大；对于受教育程度的影响，其明显的特征是，受教育程度越高对其关注度越大，可能的原因是受教育程度越高，接受和处理信息的能力越强，相应地有助于其为促进农业多功能性的全面显现做出正确的选择。从社会经济特征的分析看，收入程度越高，关注且行为性更大。说明经济基础还是实现一切其他功能的有力保证。

第二节 兵团现代农业"五位一体"功能实现

一、经济发展功能

农业的经济发展功能主要体现在为人民群众提供基本的粮食及农副产品，保障人民的基本生活需求；为工业生产提供相应的原材料，发展农业加工业，进而提高职工群众收入等方面。农业的经济发展功能是农业多功能性的基础与核心①。2017 年，兵团粮食产量 248.55 万吨。棉花产量 167.88 万吨，油料产量 20.92 万吨，甜菜产量 198.46 万吨。农产品的有效供给，不仅有效促进了兵团职工的增收，更为兵团农业加工业发展奠定了基础，这些都表明了农业的经济发展功能突出。

兵团现代农业经济功能在一些方面的作用发挥不足，主要体现在满足消费者多样化消费需求的优质农产品的有效供给不足。一直以来，兵团在农业发展上更注重农产品数量的增长，对农产品质量提升的关注度不高。以棉花为例，多年来棉花种植面积占到兵团播种面积的一半以上，产值也占到兵团农业产值的一半以上，棉花产业发展在兵团有非常重要的作用。近年来，由于兵团在大规模推行机械采棉的过程中，机采技术还不完全成熟，机采配套工序还不太协调，兵团机采棉质量与以前手采棉质量相比普遍下降，进而造成兵团机采棉质量普遍不能满足棉纺织企业对高档纺织原料的需求。同时，农业大而不强，农业产业链条短也是兵团现代农业经济功能发挥不足的原因。如兵团农业加工产值与农业总值之比为1∶1，远低于国家农业加工产值与农业总值之比 2∶1 的平均水平。

二、社会和谐功能

农业的社会功能主要体现在农业能提供就业岗位，为农业从业人员提供生产、生活保障，进而促进社会和谐方面。2016 年兵团团场农业从业人员占全社会从业人员比重在50%以上的团场由 2014 年的 61 个降到 15 个，但占比依然达到 10%；2016 年团场农业从业人员占全社会从业人员比重低于 20% 的团场由 2014 年的 1 个提高到 17 个，占比由 1% 提高到 12%（见表 5 - 8）。由此，可以看出，虽然兵团团场农业从业人口遵循世界农业发展规律，农业从业人口逐步降低，但目前团场农业仍是解决职工群众就业的主要途径。

表 5 - 8　2014 年、2016 年兵团团场从业人员占全社会从业人员比重区间

2014 年			2016 年		
区间（%）	团场个数（个）	占团场总数比例（%）	区间（%）	团场个数（个）	占团场总数比例（%）
70 以上	8	6	70 以上	2	1

---

① 韦凤琴. 兵团现代农业多功能性开发的思考 [J]. 中国农垦，2016 (12)：4 - 6.

续表

2014 年			2016 年		
区间（%）	团场个数（个）	占团场总数比例（%）	区间（%）	团场个数（个）	占团场总数比例（%）
50~70	53	37	50~70	13	9
30~50	68	47	30~50	67	47
20~30	14	10	20~30	45	31
20 以下	1	1	20 以下	17	12

资料来源：《2015 年兵团统计年鉴》《2017 年兵团统计年鉴》。

农业是兵团产业的基础，2017 年兵团农业产值占生产总值的比重达到 21.6%，比全国高 13.7 个百分点。农业的发展是兵团社会稳定的基石，兵团农业肩负着养活 38 万名农业从业人员和缴纳他们的养老、医疗等社会保险的责任。然而，随着兵团农业职工养老保险的逐年增长，农业亩均负担养老保险的费用逐年增加，这也造成现代农业社会和谐功能持续发挥受限。

三、维稳戍边功能

党中央对兵团的定位要求是"安边固疆的稳定器、凝聚各族群众的大熔炉、先进生产力和先进文化的示范区"。兵团大多数团场的组建和布局都以履行维稳戍边职能为核心，尤其是 58 个边境团场的布局是根据当时我国边境的政治、社会发展需要，在特殊的地理位置和基本不具备生产条件的情况下开发创建的，边境团场的维稳戍边作用远远大于经济作用。发展现代农业则为兵团履行维稳戍边职能奠定了坚实的基础。每年为维护团场和周边区域稳定，团场支出了大量的经济和人力成本，经济成本一部分来自于上级拨款，另一部分则来自于团场经营现代农业的利润。维稳戍边的人力支出也主要来自于农业职工，农业职工是团场基层民兵的骨干力量。

近年来，农业职工数量越来越少、年龄越来越老削弱了农业维稳戍边职能。2010~2016 年兵团从事农业的在岗职工由 41.2 万人减少到 36.7 万人，减少了 4.5 万人。根据 2015 年兵团对农业职工年龄的调查，兵团农业职工年龄普遍在 40 岁以上，40 岁以上占比 71.55%，45 岁以上占比 42.69%，30 岁及以下仅占 4.95%（见表 5-9）。

表 5 - 9　2015 年兵团农业职工年龄结构

年龄（岁）	20 以下	20～25	26～30	31～35	36～40	41～45	46～50	51～55	56～60
人数（人）	287	3413	9661	18949	44493	77943	77183	23541	11453
占比（%）	0.11	1.26	3.58	7.02	16.48	28.86	28.58	9.87	4.24

资料来源：2015 年兵团土地流转调研组调查数据。

四、生态功能

兵团沙化土地面积达 1495 万亩，占辖区面积的 14.1%，有明显沙化趋势的土地达 1010 万亩。现有沙区团场 123 个，其中 88 个团场处于沙漠腹地，58 个边境团场分布于祖国最西北的边境线上，其余团场也多分布在戈壁和盐碱滩。在兵团"三化"同步推进的过程中，按照生态立区的建设要求，林业生态建设取得了新成绩，"十二五"期间累计新增造林面积 15.63 万亩，森林覆盖率达到 18.62%。农田林网化达到 85%，城镇绿化率达到 41%，防沙治沙面积达到 300 万亩。按照《兵团推进农业"一控两减三基本"工作实施方案》的要求，狠抓节本增效和面源污染治理及资源化利用取得较好成效。农业用水比重较 2010 年减少近三个百分点。化肥、农药使用量减少 8%，地膜回收率达到 92%，粮食作物秸秆饲料化利用率达到 96%，病死畜禽无害化处理率达到 94.5%，畜禽养殖粪污综合利用率达到 92%。

兵团农业发展一直受限于水资源相对匮乏，且时空分布不均。随着团场经济社会的发展，水资源短缺的现象越来越严重，部分团场地下水超采严重，部分团场因缺水无法耕种，撂荒耕地，农业生态功能发挥受限。为节约水资源，团场大规模推广高新节水灌溉，配套推广地膜覆盖技术，在节约水资源、提高农产品产量的同时，造成地膜"白色污染"。新疆农垦科学院对兵团棉田地膜残留取样调查发现，土壤中地膜平均残留量高达（261.1 ± 117.8）千克/公顷，残膜在土壤 0～30 厘米耕作层中都有分布，三个土层（0～10 厘米、10～20 厘米、20～30 厘米）的残留比例分别为 37.2%、34.9% 和 27.9%。兵团目前的地膜残留水平均造成棉花减产约 11.5%，棉花纤维长度短 0.47 毫米，整齐度降低 4.37%，比强降低 3%[①]。水资源短缺约束力加重，白色污染、农药污染、化肥污染严重，

---

① 王吉亮，曹肆林等．新疆兵团棉田残膜污染状况调查研究与治理对策 [C]．2012 年全国耕地资源保育保耕及农田土壤生态调控若干科学问题研讨会论文集，2012．

农业生态功能发挥受限。

五、文化传承功能

农业具有保护文化的多样性，提供教育、审美等功能①。兵团团场主要通过两种方式挖掘农业的休闲、参观、体验等文化传承功能。一是开发传统的农耕文化，展现乡土民俗的风韵魅力；二是开发现代农业的文化内涵，包括开发现代农业生产中的"农业科技"、农业体验、农业休闲观光、农业文化创意产业等，拓展农业文化功能。如六师军户农场以观光旅游、休闲度假为核心，建设果园、"菜园""花园"和动物养殖园等，发展都市农业旅游观光、农业创意产业等，建设集文化教育、休闲观光等功能于一体的多功能农业园区，取得了较好的经济效益、社会效益。

农业的文化传承功能对多数团场来说，是一个新事物、新概念，很多团场对其重视不够，投入不足，理念挖掘不足。目前，靠近乌鲁木齐、石河子等城市周边的一些团场利用自身的区位优势，积极开发农业休闲观光旅游业和文化创意产业，现代农业文化传承功能开发较好，多数团场农业文化传承功能普遍开发不足。

---

① 胡卫华. 陕西现代农业多功能性开发思考 [J]. 农业现代化研究，2015（1）：7-14.

第六章　一类核心团场农业
发展方式转变路径研究

——精准农业

2015年底，核心团场总人口1417426人，占兵团51.9%，经济总量988.5亿元，占兵团56.9%，固定资产投资和社会零售总额分别占兵团58.6%、51.5%，该类型团场的现代农业发展基础较好、资源禀赋富足、未来农业发展潜力好，当地的职工收入水平高于兵团平均水平，低保率低于兵团平均水平，经济主要指标占据兵团一半以上的份额，经济社会发展处于兵团前列，是兵团经济社会发展的支撑，是兵团能否发挥先进生产力和先进文化示范区作用的关键。未来应以增强现代农业的经济发展功能为己任，努力发展壮大经济，辐射带动其他功能的更好实现与进步发展；把握区域经济优势，顺应农业供给侧结构性改革的重大方针政策和方向，以其农业发展方式转变目的作为完善农业多功能性发挥的标准来不断补齐农业在生态、文化功能方面的缺失问题，提高农业多功能性在农业生产发展中的实际效率，争取达到既巩固农业本身又缓解资源环境压力的多重目的。遵循新常态下农业发展提出的创新发展、协调发展、绿色发展、开放发展、共享发展的五大理念，实现好兵团农业作为生产、战斗、工作和宣传力量的支柱力量。

第一节　一类核心团场实行"团（场）镇（区）合一"管理体制改革路径

根据兵团党委所实施的试点团场改革路径，现阶段，第一师1团、第七师125团、第十三师红星一场等8个团场确定为兵团改革试点团场。除此之外，各师自定改革试点23个团场的改革试点工作按照"强化团场党委核心领导作用、实行团场内部政企分开、增强团场公共服务和社会管理职能、完善农业基本经营制度、建立国有资产运营监督管理体制"的总体思路正进行，2014 年兵团团场中将有 1/3 的团推行政企分开，在 2015 年全面完成改革。

一、场镇、团镇合一体制的运行原则

在师市合一的体制下，实行场镇、团镇合一的管理原则。镇党委、行政及其工作机构与团场党委、行政及其工作机构实行一套机构、两块牌子。建镇团场依法享有乡镇级政府管理权限，政企分开，权责明晰，依法履行镇政府职能。以北泉镇为例，镇政府主要履行以下行政职能。

（1）贯彻执行国家法律、法规、政策，制定和实施镇政府有关管理规定；

（2）根据石河子市经济和社会发展规划，编制北泉镇发展规划并组织实施；

（3）根据石河子市城市总体规划，负责镇区规划管理、行政执法、建筑市场管理以及按照有关规定设立"一级财政、一级预算"；

（4）负责镇区内（不含驻镇单位和企业）国有资产管理工作；

（5）负责农林牧渔业、水务、工业、商务行政管理事务；

（6）依法对区域内土地统一管理，根据北泉镇建设发展的实际需要，负责土地管理的有关具体事项，发放建设用地批准书和土地使用证；

（7）负责收取城镇规划、建设、房产、土地管理中应收取的各项费用，除依法应上缴国家的部分外，全部用于镇区域内的基础设施建设；

（8）负责房产管理并发放《房屋所有权证》及有关证件；

（9）按照经济管理权限负责区域内投资项目的行政审批；

（10）在石河子市政府的委托下，负责教育、体育、卫生、广播电视、文化等社会公共事业和食品药品的行政管理相关工作；

（11）负责人事、民政、科技、统计、审计、人口和计划生育、劳动和社会保障、环境保护等相关行政管理工作；

（12）指导和监督相关部门在北泉镇分支机构的工作；

（13）行使市人民政府委托的其他职责；

（14）场镇所有上级财政拨款渠道保持不变；

（15）税收超过基数部分金额返还政策保持不变。

二、场镇、团镇合一体制的运行优势

（一）身份明确

团场原有的体制，对于部分政府职能的作用具有一定的局限，而场镇、团镇合一体解决的是团场的非政府、非企业的体制问题，杜绝原有的身份不确定的情况，团场可以充分发挥政府的职权和职能，从法律地位上和组织关系上实行政府的权利，如工商管理权、土地管理权、城镇规划管理等相关权利，并且明确拥有执法权的主体地位和资格，在社会公共管理上明确了国家赋予基层政府的行政权力和发挥效率，能够更加有效地促进团场经济、社会和文化等事业的快速发展。①

（二）政策优势

团场承担的公共服务职能，如文化体育、教育、广播电视、民政、卫生、基础设施建设、计划生育等社会开支是一笔沉重的负担，改革后的场镇、团镇合一是为了使团场能够拥有政府的公共管理权利，尤其是是对促进当地经济发展最为重要的工商、财政和税收等权利。以第八师北泉镇为例，石河子市在前期管理北泉镇时，全部税收由石河子市收取，财政支出由石河子市拨款给镇政府，镇政府只能根据上级拨款决定财政支出。自 2005 年起，石河子市采取了分税制，北泉镇每年上缴 1000 万元税收后，其余的税收均保留在北泉镇；② 这样为北泉镇的经济、社会和文化发展都提供了强有力的财政支持。在国家、自治区和兵团各项优惠政策上也可以享受更多的优惠，同时，在转移支付、项目资金上可以争取得到更多支持。

（三）促进招商引资

团场改革中政府行政职能增加，对于招商引资具有极大的促进作用。团场镇所拥有的政府公共职能、财政职能、税收职能等，这些职能可以极大地提高招商引资的力度，增加团场的税收来源，为团场的经济发展提供长期可持续的来源；同时，场镇、团镇合一之后，团场能够以一级政府出台相关的招商引资优惠政策，增加招商引资的吸引力和效果，使企业能够真正引进来留得住。正是得益于这点，北泉镇通过招商引资，大力发展工业，促进了北泉镇的全面快速发展。

三、场镇、团镇合一体制的运行模式

现阶段，团场行政管理体制是实现"政企"分开，将行政职能和企业职能分开，强化政府服务的公共性和服务性建设，同时建立完整的政府公共服务体系和职能，拥有相应的管理权限，为团场的经济、社会和文化发展全面服务。当前，"区团合一"模式仅在几个团场进行了实践，并未像"师市合一""团镇合

---

① 郑伟. 对兵团第一师阿拉尔市金银川镇"团镇合一"管理体制的建议与思考 [J]. 兵团党校学报, 2013（3）：42-45.

② 温雅. 关于石河子市北泉镇小城镇发展现状的调查研究 [N]. 新疆农垦经济, 2012-07-15.

一"模式已经实践和推广。而"区团合一"模式的发展借鉴了"师市合一""团镇合一"模式,所谓的"区团合一"模式是利用了团场的产业园区与行政管理进行整合,形成团场职能向政府职能转变。

(一)团镇区合一模式

团镇区合一模式属于团场、镇、园区使用"三个牌子、一套人马"的管理运营模式,如第六师102团场梧桐镇就是按照这种模式进行管理运营。在团场、梧桐镇和农业园区三者之间由一套人员进行管理,能够建立起高效的服务体系和管理机制,统筹和促进三个区域的经济、社会和文化的协调发展。长期以来,各师部经济快速发展,而团场发展缓慢,尤其是基础设施等不完善,"团区镇合一"模式,将团场的公共服务职能转移到镇政府承担和管理,而农业园的管理也并入到镇政府统一管理,从而实现团场政企职能分开,使得团场集中精力发展经济,促进团场的经济发展。

(二)兵地共建区模式

兵地共建区模式在新疆和兵团开展得较少,第七师奎屯天北新区就是该模式的实践者,天北新区于2002年9月挂牌成立,次年成立了天北新区管委会,管委会实行"两块牌子、一套人马"的兵地共建管理模式。天北新区管委会共有园区的开发建设、招商引资和社会服务管理三大职能,具有相对独立的政府管理职能和执法权、完善的公共服务体系和经营机制。2012年7月颁布的《奎屯天北新区管理条例》进一步规范了管委会的职能和权利,同时新区的税收是根据地方和兵团各自一半的比例进行划分。

(三)多团一镇、团镇合一模式

第一师阿拉尔市金银川镇,于2013年1月挂牌成立,是继第八师石河子市北泉镇、第六师五家渠市蔡家湖镇和梧桐镇之后兵团的第四个建制镇。镇政府驻地在1团团部,行政区中由多个团组成,其中包括1团、2团、3团和阿克苏地区柯坪县61.8平方千米、阿瓦提县474.2平方千米,金银川镇总面积共1338.7平方千米。团、镇建制合为一体,实行"一个机构(一个党委,团镇合署办公),两块牌子(团场、镇政府)"的管理模式,实施"团镇合一"的管理体制,开展了政企分开、政社分开、政资分开和政事分开改革。现阶段金银川镇已形成金银川镇、新皇宫社区、沙井子工业园区(自治区级)的总体布局。

(四)团场内部政企分开模式

第六师五家渠市新湖总场是兵团团场改革的8个试点之一,2013年新湖农场实行"场镇合一"模式,并且更名为新湖总场,现阶段新湖总场与新湖镇实行的是"一套班子，两块牌子"，部门实行共同合署办公，实施县级政府管理职能，团场内设机构、人员编制和管理费用只减不增，实行机构调整和分流，将原有的 12 个机关部门合并调整为 9 个，70 个工作人员精减为 47 名，通过赋予的行政管理权开展相应的政府职能工作。

四、场镇、团镇合一体制的改革路径

兵团在行政管理体制创新的过程中，先后成立了北泉、金银川、梧桐、蔡家湖、草湖等建制镇，实行"团（场）镇（区）合一"管理模式是创新兵团团场管理体制的重要探索，更是实现由"屯垦戍边"向"建城戍边"转变的关键环节。因此，腹心团场经济社会发展较其他团场相对成熟，可以优先建镇，根据团场实际情况，选择不同发展模式。

借鉴已有模式，因地制宜实现行政管理多种形式创新。如图 6-1 所示，对于已建市的师团场，一是在已建市辖区内建镇条件成熟，可以借鉴石河子总场"场镇合一"模式；二是已建市辖区内但建镇条件不成熟，将市的行政职能延伸到团场，通过设立行政派出机构，履行行政管理职能；三是在已建市辖区外，已建市的师域内，具备建镇条件，按照草湖镇模式，建立"飞地镇"。对于尚未建市的师团场，可以借鉴第七师奎屯天北新区"兵地共建"，如十三师的火箭农场可以与哈密市共建，十二师的三坪农场与乌鲁木齐市共建等；在未建市的师域内，模拟镇政府职能设置，探索机构设置形式，推行内部模拟公务员制度，建立农业公司、国资公司等，推进连队功能转型和社区建设。

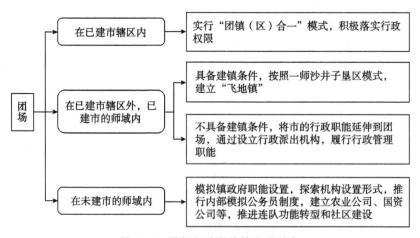

图 6-1　团场行政职能的实现形式

将连队职工向团部集中，加快原连队居住区功能转型，逐步形成产城结合的局面和连社合一的管理新模式，使区域内人流物流向场镇集中，从而进一步改变团场职工的生产生活模式，为一些新业态的产生创造更为有利的条件。

第二节　核心团场经营实行农业公司经营模式改革路径

农业公司化经营模式是现阶段市场经济体制下能够有效促进农业可持续发展的一种新模式，其本质是通过股份制改造，整合现有的土地资源来提高农业生产的规模，通过先进的机械化、生产的集约化和大面积的规模化农业生产经营活动，来提高土地的边际收益。农业公司经营模式能够有效地提升劳动生产率，降低农业的生产成本，提高职工的收益水平。

一、农业公司经营模式体制创新

大多数团场以农业生产经营为主，因此要创新团场农业生产经营的组织形式。团场经济管理体制创新就是实现企业属性公司化，团场依法按照现代产权和现代企业制度要求，根据团场实际情况组建专业化公司（如农业公司，将原有连队转化为作业区或作业点作为农业公司分公司），由团场授权成立农业经营公司，承担现代农业示范团场建设主体职责农业经营公司负责，按照产业分工和产权纽带关系，成立由各出资经营主体参与的、产加销一体化的产业集团，公司与团场实行"机构、人员、资产、经营活动、收入分配""五分开"，建立健全"产权清晰、分工明确、自主经营、利益共享"的商业模式和利益连接机制，做实团场企业属性。

建立和完善有利于实现农业产业化的体制机制，鼓励和引导团场积极创办农产品加工企业，提高团场农产品加工业发展的比重和规模。一是深化团场改革发展，健全和完善团场农业公司管理和运行机制，确立农业公司的市场主体地位，健全公司法人治理结构，理顺农业公司与团场和职工的关系，推进农业公司规范管理、有效运行。农业公司不要与职工在土地上争利，而要把重点放在发展农产品加工业等产业化经营上，把团场的优势农产品加工增值后，通过市场的运营实现盈利。二是加强团场招商引资和项目建设。各团要加强与国内大型农产品加工流通企业对接。根据优势农产品资源，主动与国内大型农产品加工、流通企业"攀亲联姻"，实施高起点合作，培育一批规模大、带动能力强的农产品加工龙头企业。

二、农业公司经营模式体制改革路径——"龙头企业 + 农业公司 + 职工"的经营模式

"龙头企业 + 农业公司 + 职工"能够充分带动农业和农业的产业化经营，这种模式能够大量消耗农产品成为工业产品的原材料，是工业推动农业的基本方式和路径，是改造传统农业的主要方式，能够促进农业朝产业化和现代化方向发展。

（一）"龙头企业 + 农业公司 + 职工"的经营模式优势

"龙头企业 + 农业公司 + 职工"的运行模式的特征主要是能够最大限度地将农产品的产业链延长，充分发挥龙头企业在市场经济中的重要地位和作用，促进农产品的深加工和配套服务作用，提高农产品的价值，通过联合经营管理模式和龙头企业的带动作用，以市场的发展为导向，使职工参与到市场的经营和生产过程中，从而提高职工收入。通过招商引资等方式引进国内外知名龙头企业，从而引导和带动本地农业产业化发展，推动本地的主导产品，可以以职工土地经营为股份入股农业公司，作为龙头企业的生产基地，实行规模化经营，提高土地产出率和农产品转化率。通过龙头企业的生产加工和渠道功能推动农产品的产加销一体化，使农民能够通过加工和销售环节获得收益。

（二）"龙头企业 + 农业公司 + 职工"的经营模式运行机制

"龙头企业 + 农业公司 + 职工"模式中，在运作上，三个主体各自拥有相应的工作职能和要求。龙头企业根据自身需要对农副产品进行价格预测和定价，通过签订订单合同的方式与农业公司和职工签订农副产品的数量、品种、品质和规模；同时，在产前、产中和产后整个生产过程中针对企业的产品需求对每个职工进行培训，农副产品成熟后，由龙头企业与职工签订收购合同，进行检验、收购，最后由公司集中并做最终加工和销售。职工主要生产农副产品，根据龙头企业的生产和技术要求规范化地生产农副产品。农业公司负责集结职工形成大规模的生产，保证农副产品市场过程中的日常管理和标准化生产，为职工提供物资采购、技术服务、农机服务和农副产品收购等。

"龙头企业 + 农业公司 + 职工"模式，龙头企业主要通过订单农业的方式与农业公司和职工建立长期稳定的产业化生产合作关系。这里的龙头企业、农业公司和职工是靠着产业发展中的农产品生产、加工和销售为一体的经济利益结合在一起，实行的是一体化的经营方式，使得职工和农业公司加入到龙头企业的经营体系内，构建互惠互利、风险共担、利益均沾、共同发展的联合经营组织，职工可以直接参与到龙头企业的生产和经营环节，直接做到与龙头企业对接，没有环节使利益受到损失，而龙头企业直接面对着消费者和市场，减去了层层加价的渠道环节，使得龙头企业、农业公司和职工共同享受利益，三者在利益结合体中共同发展，职工受惠、农业公司集结、龙头企业发展壮大，共同走产业化发展道路。

三、农业公司经营模式体制改革路径基础

（一）团场经营意识转变

现阶段，兵团各团场实行的是不断完善和巩固土地承包经营政策，是以职工为经营主体的兵团一直在不断地巩固以农户为经营主体的农业制度，现已改变了以往"团场出钱、职工种地、负盈不负亏"的承包经营状态，家庭经营模式一直处于主导地位，也是最适合兵团农业的经营体制的思想。但随着现阶段兵团农业发展的趋势，家庭经营模式已经成为兵团农业经营体制改革最为主要的障碍，从发达国家的农业发展历程来看，公司化和产业化发展是最主要的路径，美国的大型农场、澳大利亚的牧场以及法国的农场，这些大规模的农场的生产模式是发达国家最为主要的选择模式，高度的社会化用工和雇工模式是他们经营的主要特点。兵团团场的农业生产改革，大规模的农业生产方式不断地在扩大，已经出现了以专业化的社会分工、标准化的生产和大规模的雇工为特点的新型农业生产经营组织。应将职工的土地集结起来，发挥团场本身的规模优势，扩大规模生产，提高农产品的质量和品质。

（二）农业公司股权改革

兵团具有较高的党政军企合一的性质，土地是国家所有制；但在资本积累和农业规模化生产上兵团要强于农村。因此，团场组建农业公司、国资公司等经营类别的公司，其性质是根据"团场所有、授权经营、分级监管"的国有资产的管理模式，团场与农业公司实行的是"机构、资产、人员、分配"四分开的原则。明确了团场与公司的职能和权限，明确了权利、义务和责任，对所监管企业的国有资产保值增值负责。但对于组建的农业公司的股权可以适当地吸引外部投资，可以以土地、农业物资、农业机械、农业技术和销售渠道等实物或者技术入股。团场职工可以以土地入股的方式参与到企业的经营过程中，并且享受股权分

红和风险共担，土地承包年限到期后，团场依照承包合同期限收回土地。团场职工可以优先以资金、技术、农业机械等方式购买农业公司的股权，农业公司拥有独立的人事权和财务决策权，切实以市场经济方式运营，更大地发挥农业公司在农业生产和销售过程中的资源配置作用。

（三）深化团场改革

根据兵团党委的安排继续深化团场改革，按照地方政府现有的模式和团场试点改革的方式，实现团场内部的政府职能和企业职能分开。实行政企分开后，团场从事政府公共服务和社会化管理的，根据相应的行政编制进行岗位职能的设置，工作人员纳入到公务员系统，保证团场具备完整的社会服务和公共管理职能，并且向服务型团场转变，做好团场的基层服务工作，进行相应的教育、文化、有线电视、基础设施等公共服务，并且拥有相应的市场监督权、行政处罚权、民事纠纷处理权等。在成立农业公司之后，农业公司从团场的日常管理实务中分离出来，可以专心进行农业生产管理，农业公司作为独立的经营机构，不再受到团场的行政管理和制约，可以根据现代企业制度建立完善的农业企业经营制度，建立国有资产运营监督管理体制，实现现代企业的发展思路。

（四）团场农业职工身份界定

团场是兵团屯垦戍边使命最为重要的基础和载体，而兵团团场最为重要的是职工，他们是兵团发展经济的重要支撑，也是社会稳定、屯垦戍边和维护新疆长治久安的重要基石，因此，团场职工是兵团特殊管理体制中最为核心的内容。因此团场和职工之间的关系是基于劳动关系和土地承包关系，在团场实行农业公司进行发展后，由于土地使用权和承包权的受惠，也就意味着团场和职工之间的关系破裂，而作为兵团最为重要的职工来说，就需要重新地分析和界定职工的身份。[①] 因此，实行农业公司后，失去土地承包权的职工可以在农业公司进行劳务输出，而农业公司则需要优先雇用团场的职工，并且为职工缴纳社会保险和医疗保险等相关费用；而不进入农业公司务工的，则需要自行解决社保和医保费用，以此最大化地保护职工的身份，并且可以稳定农业公司在发展过程中的用工问题，同时也是兵团屯垦戍边责任的重要保障。

（五）团场农业公司的发展

以团场为单位组建的农业公司，是以团场的农业生产管理为基础的，而兵团

---

① 卢玉文. 关于兵团团场农业职工身份界定的调研与思考 [J]. 中国集体经济，2009 (12)：144 - 145.

的团场分布较散，团场与团场的距离较远，并且不同区域的团场在资源禀赋、自然资源、人力资源等方面分布相同，因此需要根据自身的发展特色来组建相应的农业公司。根据团场农业发展的特点，可以将农业公司相应地分类为种植业农业公司、林果业农业公司和畜牧业公司。相应地，生产情况、人员情况等也要根据实际的公司发展进行安排。例如，种植业的机械化程度较高，就可以考虑在人员上进行少量的安排；林果业不易机械化种植和管理，人员需求量大，安排的人员较多；畜牧业需要的人员较少。因此，要合理地考虑职工的激励和监督问题，针对不同的行业进行合理的管理和考核。

第三节　开展符合农业经营主体特点的金融创新

一、加大金融产品创新力度

兵团农业现代化发展较好，农业生产经营的主体在生产过程中涉及生产基础设施、农资采购、农业科技、农产品加工等多个流程，因此在资金需求上呈现了与农业生产相符合的融资特点，而农业作为兵团的支柱产业，需要金融机构能够给予大力的支持和帮助。

首先，涉农金融机构和政策性金融机构应该创新大额农业贷款品种，兵团农业发展属于规模化发展，因此在农业公司发展的过程中有较大额度的资金需求，在结合前期的职工涉农贷款的基础上，应该开发符合兵团农业发展的大额涉农贷款，有效解决农业经营主体的融资困难。

其次，加快组建兵团各师的村镇银行、小额信贷公司、团场资金互助社等新型小型农村金融机构，并且鼓励在团场增设网点经营，发挥政策性涉农银行、农业发展银行、农业银行、农商行等机构在团场支行的网点优势，引导金融机构向农业经营主体贷款。

最后，创新农业金融产品，学习地方涉农银行推行的信用贷款模式，根据农业生产的特点确定贷款的额度、放款的进度和还贷的时间，进一步地推进一次核定、随用随贷、余额控制、周转使用、动态调整的贷款业务。

二、创新抵押担保模式

开发和推动农业融资中的抵押担保模式。由于兵团土地集体所有制的特殊性，团场土地并未确权颁证，而作为农业生产最为重要的土地资本却无法从商业银行获得贷款，因此，需要进一步完善农业信用评价体系、建立农业资产评估体系、创新农业抵押担保方式。

首先，团场的土地为承包性土地，和地方的土地有本质的差别，因此需要团场积极与金融机构协调开展土地承包权的抵押贷款，以承包土地的使用权作为抵押，由银行向职工或农业经营主体发放贷款，有效地提高团场土地资源的融资效率，促进农村金融的有序发展。

其次，团场积极协调金融机构、职工、农业经营主体和上下游企业，围绕农业产业链的环节，在保证风险可控的情况下发放农产品供应链贷款，可以采用"五户联保＋上下游企业担保"和"农产品订单抵押＋上下游企业担保"模式控制和规避风险。

最后，团场探索组建或引进政府背景的惠农担保机构，将信贷风险从银行部分转移到了担保公司，为职工或农业经营主体贷款提供担保服务，分散了金融机构的农业信贷风险，充分调动了金融机构的积极性，同时，团场给予政策性农业担保公司持续性的担保补助和风险代偿补助，可以确保担保机构的可持续运营。

三、加强金融机构同业合作

随着区域经济的发展促进了金融市场的细化，大型商业银行把重点放在城市，而小微型金融机构则更关注传统小农生产，大额贷款受到严格限制，涉农企业的发展过程中也需要中长期贷款和固定资产贷款，但很难以获取，从而影响了团场现代农业的发展。

首先，加强大型银行和小型涉农银行之间的合作。通过大小银行间的合作，发挥各自比较优势。银银合作的方式很多，通过小型涉农银行的网点，大银行给予金融支持和人员支持，客户、收益共享原则，共同开发农村金融业务。

其次，强化商业银行和小额贷款公司、担保公司等金融机构的合作，减少贷款过程中的信息不对称情况。在团场，除了要加快以村镇银行、小额信贷公司为主的新型金融机构的快速发展，也要进一步加强与保险机构、大型商业银行机构、担保公司的合作与发展，创造金融生态圈，增加金融贷款模式，创造不同金融之间的协同效应，构建完整的团场金融服务体系。

最后，各大金融机构之间以资源共享、合作共赢为原则，国有大型商业银行统一开发与农村小型金融机构间的系统对接，对农村金融机构进行系统改造，客户在农村金融机构柜台联动开立与国有大型商业银行同时具有账户绑定，提高农村金融发展水平和便利化的服务，构建双向业务处理平台，通过客户资源共享、信息共享的方式，有效促进农村金融发展。

四、加强团场信用体系建设

信用体系对职工金融的获取性具有极大的促进作用，因此需要积极推动完善兵团团场的信用体系建设。

首先，建议由团场政府牵头推动制定信用企业、团场信用连队、团场信用户评定的标准，对信用良好的用户给予各项惠农政策，使得职工自觉维护良好的信用。建立团场职工、连队、企业的信用档案，完善个人信息并且录入到信用数据库中，加强职工、连队、企业的信用等级和授信的动态调整，与金融机构共享数据。

其次，建立健全信用担保体系与制度。根据职工的融资需求，在缺乏商业银行认定的担保物的情况下，通过联保的方式开展的信用担保贷款，根据兵团土地的特殊性，适当地扩大担保抵押物的范围，盘活土地承包权、房屋住宅、林果树、农机具等沉睡资本。

最后，开展对渠道多层次的职工和企业信用的宣传工作。在团场普及金融的基本知识和信用体系理念，通过广播、报纸、海报、电视、微信、微博等媒体大力宣传信用知识，增强职工在融资过程中的信用意识和征信意识，营造守信光荣、失信可耻的良好社会氛围。

五、加快农业保险体系建设

为推进兵团农业现代化发展，需要尽快补齐农村发展的短板，完善农村保险体系，把农业保险作为强农惠农的重要手段，对于增强兵团团场的新型农业经营主体抵御农业风险具有重要的意义。

首先，提高农业保险的补贴力度。团场根据农业生产的情况，给予一定的农业保险补贴，对于兵团的重点农产品，通过提高现阶段政策性农业保险的补贴力度，扩大特色农产品的补贴范围，分散职工和新型经营主体的生产经营风险及压力。

其次，创新农业保险产品。随着现代农业的快速发展，农业保险的领域越来越细化，针对的险种和农作物也越来越多，因此需要进一步创新农业保险产品，这是加快农业生产精细化管理的必然路径，稳步开展团场主要粮食作物、特色农作物、种植业和养殖业的价格保险试点，鼓励团场因地制宜开展特色优势农产品保险试点。

最后，加大农业保险宣传力度，兵师两级政府应该继续加大健全团场的农业保险制度，对农业保险的优势进行广泛的宣传，充分宣传农业保险作为保证农业收益和防范风险的重要工具及手段，加强风险意识比较薄弱的职工和新型农业经营主体的宣传力度，及时使用农业保险政策防范和分散"因灾致贫"的风险。

第四节　核心团场发挥兵团农业科技优势，加大农业科技推广

一、积极引导各团场农业科技均衡发展

为团场经济发展培育多元化的科技服务体系，发挥兵团农垦科学院、石河子大学、塔里木大学、师属农业研究所、种子研究所、农业科技园区、植保站和农业龙头企业在农业科技服务上的作用，构建利益共同体，加强团场与科研机构搭建平台，将农业生产与科研机构的创新活动有效地结合在一起。培育以农业科技园区为主体的多元化科技服务组织，结合科技试验示范项目，推动团场与国内外知名企业、农业技术推广机构开展新品种、新技术的引用与示范工程，加大国内外新农业生产技术的应用、宣传和培训，积极面向职工推广应用新技术，充分发挥科技服务的辐射、带动作用。培育团场各类科技服务协会和新型农业合作组织，发挥龙头企业、新型农业合作组织、协会和能人的作用，职工通过加入协会、新型农业合作组织抱团和聚集作用来提升与其他农业服务机构的谈判能力和资本，为生产选取科技含量高、经济效益好、生产成本低的种子、化肥、农药等农用物资，降低农产品的市场风险，真正实现农业生产过程中的各主体间利益均衡。

二、发挥核心团场农业科技工程，培育特色农产品品牌

根据兵团的特色种植业、林果业和畜牧业，各团场健全产前、产中、产后生

产全过程的配套种植科技体系，实现全程标准化、现代化、无害化的生产模式，加快兵团棉花、番茄、香梨、葡萄、哈密瓜、红枣、核桃等名优产品的发展。发展和引进农业生物技术，引进高效无污染的生物制剂、生物处理反应器等相关生物关键技术，全程使用生物肥料、生物灭虫等绿色农业技术，以实现农业生产过程中的绿色投入。对农用化肥、农药、添加剂等化学药品实现减量投入，尽快普及和使用水肥一体化、农业面源污染控制技术，提高土地生产的生态环境，建立绿色可持续发展的种植模式，实现农业的无害化生产。建立以生物秸秆资源再利用、畜禽养殖废弃物高效化处理、农业产业园区循环经济为一体的高效生态农业发展路径，实现种植业、林果业和养殖业资源的再利用、再循环，建立绿色生态、环境友好的全链条农业生产体系，充分利用核心团场的农业生物科技和现代化的生产体系，培育兵团特色的农产品品牌，促进核心团场的农业发展方式转变。

三、实施粮食增产增效创新工程，支撑农业提质增效

以国家科技示范项目、兵团科技项目工程为契机，着重在土地资源深度开发、提高农产品品质和降低生产成本上下功夫。对团场砂质土地、盐碱地、干旱地和较为贫瘠的土地进行改造，依靠综合配套技术体系提高土地的生产潜力，释放作物增产潜力，稳步推进兵团特色作物的科技创新集成技术的应用和推广。组建以科研院所、大学、企业、农技站等产学研紧密结合的农业生产技术创新团队，全面开展新品种的培育，在棉花、小麦、玉米等新品种中保持全国优势地位，为兵团主要农作物提供高产的技术支撑。通过配套技术提高农作物的水肥使用效率，加大新品种和新技术的应用，建立起兵团特有的高产高效的种植技术体系，增产增效，提升农业的发展收益。

四、完善科技服务体系，促进科技成果转化

以农业科技园区或农业产业园区为核心载体，引进专业的农业科技发展服务机构，为园区的农业企业提供管理咨询、技术服务、知识产权、信用评价等综合科技服务，师部政府通过委托或者购买服务的形式给予一定的资金补贴或者优惠政策。加强与商业银行合作开发知识产品抵押贷款，如八师开展的知识产权质押贷款就是帮助农业企业融资的模式，同时给予农业创新企业"创新券"等政策措施，支持农业中小微企业开展农业科技创新活动。搭建师市农业科技成果交易中心，并且联网组建兵团农业技术交易中心和托管平台，完善各类科技创新服务

体系和支撑管理体制，进一步加快农业科技成果转化的进度和步伐。搭建兵团的农业数据平台，包括农业价格信息、技术应用信息和研发信息平台，依托农业产业园区、示范园区建立公共服务平台，推动农业电子商务的快速发展，激活农业科技的活力。

<h2 style="text-align:center">第五节　积极推进农产品物流及农业
"互联网+"体系建设</h2>

加快团场物流体系和"互联网+"的快速发展，根据兵团农业发展的基本特点，重点扶持龙头企业的农产品加工、储藏、销售环节购买设施和设备，加快兵团农产品物流体系的构建，推动农产品与互联网结合，利用电子商务平台推广和销售农产品。充分利用对口援疆平台，与对口地区建立互利合作的农产品销售渠道。

一、培育农产品物流主体，推动农产品物流组织建设

农产品流通过程中最为重要的就是物流体系，在农产品供应链中存在不同的利益主体，各主体完成了农产品物流中的各个衔接而成为一个完整的供应链，各主体之间发挥着不同的作用，因此，物流主体的缺位会造成供应链的不完整。农产品供应链中的主体较多，主体形态不同，因此长期以来物流主体处于一种分散化的状态，加快发展农产品的物流体系，需要加快农产品供应链物流企业的转型升级，创新组织管理过程中的管理模式，优化物流企业的资源要素，提高企业的组织化程度，发挥其在农产品流通过程中的重要作用。引导第三方物流企业为农产品流通服务，利用第三方物流企业的渠道优势和设备优势，减少农产品流通过程的时间和成本，提高物流效率。加快团场新型农业经营主体的建设和组建，通过规模效应加大与物流企业的合作，加快深度合作的便利性。

二、加强农产品质量与信用认证体系建设

农产品质量是农业生产过程中最重要的因素，但由于我国区域、种植技术、气候条件、资源禀赋和种植者的差异，很难能够做到标准化种植，兵团的农产品中有些属于特色农产品，如棉花、小麦、红枣、核桃等，而区域差异的不同，导

致农产品的质量差异较大，因此更需要标准化农产品的生产过程和技术，这是保证农产品质量和长期发展的重要因素。严格遵守农产品质量的相关制度和法律法规，规范农业生产经营行为，提高职工的约束能力，杜绝超额使用化肥、化学药品等，保证农产品的质量和品质，创建品牌管理意识和质量保证意识，建立内部职工诚信考核与评价制度。加快电子商务信用体系建设，通过构建农产品电子商务信用认证体系，有效地约束交易双方的行为，提高电子商务交易风险的控制力。

三、推动农产品"农超对接""直供直销"模式

"农超对接"是大型连锁超市与团场的农业公司或者职工的生产方与销售方直接对接，以减少农产品的中间流通环节，提高农产品的流通速度。团场与大型连锁合作的"农超对接"模式需要根据各自的发展需要，共同推进模式的建立和有效的运营，对于满足超市需求的团场、农业公司和职工要建立标准化的生产流程管理，提升农产品的品质，建立长期合作发展。师团应积极与农产品批发市场联系合作，充分发挥农产品批发市场的集散优势，推进团场农产品"直供直销"。一方面，通过政府协调，团场生产的农产品可以直接进入师部或周围城市社区直销菜店、连锁专卖店、自营超市等终端销售机构，通过这些渠道提升团场农产品的口碑和品牌；另一方面，建立有机生态农场，与社区、单位、企业机构建立长期合作关系，建立稳定合作关系直接配送，推动"农校对接""农餐对接"等形式，利用绿色健康食品建立与企事业单位长期稳定的产销关系。

第六节　大力发展现代精准农业，提升一类核心团场现代农业创新能力

兵团是我国现阶段存在的规模最大、现代化水平最高、综合生产效率最高的农产品生产基地。团场的机械化生产和规模化生产均处于领先水平，是我国最早发展现代精准农业的地区。

一、发展特色精准农业，提高农业质量

长期以来，依靠化肥、农药提高生产率的情况已经使得土地资源受到严重的

影响，现有的农业生产、生产方式与生产环境难以协调发展。因此，核心团场可以借鉴发达国家的精准农业发展情况，利用农业的先进生产技术打破土地资源和环境的约束，发展设施农业和绿色农业。由于不同区域自然环境、生产条件的不同，需要针对不同团场的生产条件匹配相适应的农产品种类，因地制宜地发展特色农产品和精准农业。针对经济发展较好区域的团场，如天山北坡经济带沿线团场，可以根据设施农业发展的特点，大力发展人力资源密集型的精准农业，以城市消费为主要核心切入点，通过高效的农业生产信息化、技术化管理模式提高生产技术和质量。针对干旱或水资源匮乏区域，以种植耐旱的农作物为主，使用滴灌和喷灌技术为主的节水灌溉技术，合理统筹区域的水资源，做到节水、污水处理再利用的循环，对区域农业水资源合理统筹安排，做到节水、治污以及水资源循环利用有机结合。与科研院所合作开发耐抗病虫害的优良品种，通过改良品种以适应沙漠化、干旱化的土地，实现经济效益与生态环境修复高度统一，保证实现特色精准农业的可持续发展。

二、依靠信息化改造团场的传统农业

信息化的发展，极大地推动了精准农业的发展，农业现代化的发展保证了兵团农业的发展，但现阶段，兵团农业发展过程中遇到了许多问题，如农业产业结构不合理、规模效益不够突出、精细化程度不明显等问题，而随着近几年的发展来看，农业的短板效应越发突出。因此，通过发展精准农业，要依靠信息化技术来引导和带动现代农业的发展。

首先，通过信息化的技术，对农业生产管理实行集成化管理，提高兵团农业生产过程的自动化管理，施肥、灌溉、数据采集、监控等均可以考虑使用信息化的技术解决，节约人工成本，提高信息化水平。

其次，通过先进的信息技术，把生产大田的墒情通过自动化的技术进行远程采集、自动分析和智能化处理，并且应用在农产品生产管理过程中，提高作业效率。

最后，通过信息技术，对农产品的生产、加工等进行检测和控制，形成可追溯化的农产品追踪平台，保证农产品生产和销售过程中的质量全程追溯性，提高兵团农业发展的质量和竞争力。

三、机械联动提升团场高效精准农业

兵团机械化发展水平在全国处于领先地位，也是兵团农业现代化发展的重要

保障。现阶段，农业发达的地区都是将遥感技术应用在农业机械上，通过卫星遥感技术，与农业机械的有效融合达到全程机械化精准作业的过程，这样不仅可以保证农业机械作业的精细化，也可以保证农作物在播种、施肥、灌溉、收割等环节做到精细化。因此，核心团场可以利用遥感技术与机械化操作融合，通过遥感技术和信息技术的精准控制，做到自动控制和精准作业的要求，可以与农业机械公司合作开发新型的农机设备，通过高端的信息化、智能化技术装备推动团场农业由技术密集型发展路径向智慧农业发展的方式转变，进一步提升兵团农业的竞争力和机械化水平。

四、发展团场有机精准农业

现阶段，兵团农业的发展是依靠高度的机械化水平、大量的资源消耗推动的规模化生产方式，而随着大量农药、化肥的使用，农业生产与食品安全已经成为不可融合的矛盾，兵团农业的发展亟须进行调整和转变。近几年来，绿色有机农业的发展模式已经有了较多的成功案例，是解决土地污染和缓解土地贫瘠的重要途径。因此，可以在有条件的核心团场发展绿色邮寄农业。一方面，在团场内部实施严格的土地管理制度，通过信息化技术检测农业生产、流通、加工过程，申请绿色邮寄标志引导和鼓励职工发展邮寄农业；另一方面，严令禁止在有机农田使用肥料、农药等化学合成用品，与养殖业合作开发有机肥，调节土地的养分，同时采用合理多样的轮作和间作制度，实现有机农业、精准农业可持续发展。

五、科技保障团场高端精准农业

我国高端精准农业是以核心技术、精细化管理和互联网技术为重点的生产模式，实际上是应用最新的农业科技、最为先进的管理模式和互联网融合创新推动农业生产高效高产的模式，通过技术、管理、互联网改造传统的生产模式的新型化农业生产模式。而核心团场有资源和条件发展高端精准农业。

首先，通过制度设计，稳定各师、团场的农业科研经费、科研队伍，通过政策提高农业科技园区和示范园区农业企业的创新投入，将区域的农业科技资源融合发展，实现推动农业科技创新的主要推动力。

其次，依托兵团先进的机械化设备，结合各团场农业生产的基本特点，提升团场信息化程度高、操作简单的农业机械，通过农业机械装备的提升，推动团场农业生产向高端精准农业发展。

最后，加快团场"国家—兵团—团场—连队—专业合作社"的农业科技推广体系，增加经费投入，打通农业技术传播渠道，发展从种植前期、中期、后期对农业生产中的施肥技术、良种配套、栽培技术和农业机械等全方面的融合式的农业技术推广。

第七节　核心团场发挥现代农业发展示范区作用，帮扶周边贫困地方农村发展

兵团团场分布在新疆各个地方，要充分发挥团场现代农业的示范作用，通过区域内农业科技资源共享来提高兵团现代农业的示范作用和影响能力，带动周边地方的农业现代化发展水平，实现兵地职工和农民共同富裕。

一、实施核心团场精准农业科技示范工程

兵团现代农业的示范作用是依靠大田的规模化发展形成的，而现阶段，兵团团场拥有大量的农业科技示范工程，对周边地方农业发展具有一定的带动作用。

首先，团场要根据现代农业的发展特点，选取具有代表性的示范作物和示范模式，聚集团场的科技创新要素和资源，建立起高效的兵团农业协作生产模式，与地方共享经验。

其次，根据兵团节水灌溉的特点，选择农业产业化的龙头企业、发展较好的连队，利用信息化技术改造传统农业，带动区域科技化发展水平，实现农业生产全过程的精准化和标准化，提高兵团农业的示范作用和引领作用。

二、加强顶层设计，确保示范区合理发展

根据兵团现代农业发展的不同需要，分类规划和建设示范区。

首先，兵团和师部合理规划，对核心团场示范区要根据短期的三年计划、五年长期规划制定相应的产业发展，完善基础设施、公共服务体系和技术支撑方式，并且实施农业功能区的合理布局与规划，进一步加强顶层设计的合理性和长期性。

其次，核心团场根据自身的资源禀赋和产业发展特点有步骤地推动农业产业的合理发展，发挥精细化、现代化、信息化、生态化的农业发展路径，发挥兵团农业的示范作用。

最后，在保证农业示范园区作用的同时，保证生产作业计划的有序进行，合理配置有限的资源要素，提高农业生产的效益和产量，通过优化资源配置不断提高土地的生产力。

三、充分发挥团场示范区的示范带动作用

充分发挥兵团现代农业的带动作用，加大示范区的农田水利、节水灌溉、基础设施建设和农业机械的投入力度，发挥兵团现代农业示范区的辐射带动功能；加强兵团和地方的联防合作能力，对水资源进行合理的统筹分配，加强河流、大气环境的数据共享。以兵地交流为契机，整合团场和地方结合处的农业生产资源，通过兵团的团场和地方的县城辐射作用带动城乡共同发展。加强"龙头企业＋基地（合作社）＋职工"等多种产业化模式，加强兵地农业项目合作、技术交流和农业市场经验交流，有序地推动兵地农业经济的合作、互补和融合，促进区域经济发展，真正落实兵地交流中的团场现代农业生产技术的带头和帮扶作用，发挥核心团场带动地方农业生产的规模化和现代化的发展优势。

四、兵地交流建立互帮互助的长效机制

兵地交流过程中，核心团场和农村在合作发展中最为重要的是兵地两级政府的政策支持和指导作用，在于双方需要以合作发展的方式共同激励兵地的共同发展。打破原有的生产规则，通过多层设计、交融发展的方式进行农业生产的比较、平衡、对接和合作等，彻底打破原有团场、地方的生产方式和界限，整合两地的技术人员、生产设施、农用机具等进行合理的分配，资源共享，实现合作共赢共同发展。核心团场和地方政府制定合作框架，成立专门机构用于协调解决兵地合作发展中存在的问题，进一步建立合作畅销机制，保证兵地互帮互助、共同发展。

第七章　沙漠边缘二类"生态型"团场农业发展方式转变路径

——沙漠产业

沙漠边缘"生态型"团场生态环境脆弱、土壤严重瘠薄、沙漠化侵蚀严重；其社会经济发展应围绕"生态团场、美丽兵团"的生态建设任务，以重点生态修复工程为依托，加快推进保护和建设好生态环境。本章根据第四章的评价，将新疆兵团 144 个团场进行分类，兵团二类生态型团场共计 54 个团场，占总数的 37.5%。

根据新疆荒漠化与沙化状况公报，截至 2014 年底，新疆荒漠化土地总面积为 107.06 万平方千米，占新疆总面积的 64.31%。分布于乌鲁木齐、克拉玛依、吐鲁番、哈密、昌吉、伊犁、塔城、阿勒泰、博尔塔拉、巴音郭楞、阿克苏、克孜勒苏、喀什、和田 14 个地（州、市）及 5 个自治区直辖县级市中的全部 100 个县（市）（含兵团）。荒漠化土地分布范围广，各气候类型区荒漠化类型齐全，且危害程度较重。2014 年与 2009 年相比，全疆荒漠化土地面积减少 589.21 平方千米，年均减少 117.84 平方千米。2009 年荒漠化土地面积 107.12 万平方千米，与 2004 年相比，全疆荒漠化土地面积减少 422.53 平方千米，年均减少 84.5 平方千米。截至 2014 年底，新疆沙化土地面积为 74.71 万平方千米，占新疆国土总面积的 44.87%，分布于乌鲁木齐、克拉玛依、吐鲁番、哈密、昌吉、伊犁、塔城、阿勒泰、博尔塔拉、巴音郭楞、阿克苏、克孜勒苏、喀什、和田 14 个地（州、市）及 5 个自治区直辖县级市中的 89 个县（市）（含兵团）。与 2009 年相比，全疆沙化土地面积增加 367.18 平方千米，年均增加 73.44 平方千米。全区沙化土地面积扩展速度持续减缓，由年扩展 82.80 平方千米降为 73.44 平方千米。公报表明，全区土地荒漠化和沙化整体扩展趋势得到初步遏制，荒漠化土地面积持续净减少，沙化土地在局部地区仍在扩展，沙化灾害成为威胁新疆的"心腹之患"。

从资源、环境现状以及经济社会发展的长远目标来看，新疆现在必须贯彻人与自然和谐的可持续的科学发展观，实现经济增长方式的根本性转变。中央及自治区各级政府每年为沙化治理投入大量的资金，而且治理的技术如节水滴灌技术、沙被植物栽培技术、加工技术等都有一定的发展，但由于经营制度设计的缺陷，沙资源的开发和利用没有形成产业化，不能实现自我积累、自我发展的良性循环模式，导致"边治理，边撂荒""沙进人退"的局面未彻底改善。基于此，沙漠边缘"生态型"团场农业发展方式应选择治理与利用结合的沙漠农业发展路径。

第一节　二类生态型团场沙漠农业发展现状

一、二类生态型团场的分布特征

生态型团场在地理位置、气候、光热和水资源利用条件等方面存在较大差异，土地利用类型结构也存在许多不同之处，并且农业资源的不足也有着相对数量和绝对数量的区分，即在根据所调查的制约因素因子分析的前提下，将地形特征的相似性和差异性再进一步进行地理空间的区分，此类型团场又可细分为两类。

（一）北疆地区的沙漠边缘团场

包括如七师 128 团、129 团，八师 122 团、136 团等位于古尔班通古特沙漠边缘的各个团场及四师以固定、半固定沙丘为主体，局部流动的以沙漠为中心分布的各个团场。此类型的团场面积普遍比南疆团场大，耕地资源相对较少，人口数量相对较少，人均农业资源也并不丰厚，沙漠边缘地区虽然防风固沙等系列工程有在提升和改善，但受自然生态环境的破坏威胁力度依然比较大，大量的水土资源流失更加加剧了农业生产发展的艰巨性。

（二）南疆地区的沙漠边缘团场

南疆地区以塔克拉玛干沙漠为中心分布的各个团场，如一师、二师、十三师和十四师的各个团场。相比较北疆这类型团场的农业及相关发展程度来说水平要相对较低一些，除了一师的部分团场的发展态势和现状较好以外，其他师团的发展在整个兵团的排名中都是比较靠后的；其还存在一个比较明显的特征是，少数民族聚居团场在整个团场中所占比例也很大，团场所处的少数民族地区和南疆维稳形势严峻地区的双重压力背景，使得现代农业肩负的各种职能更为复杂多变，不做好权衡和控制等都会制约农业多功能性的进一步实现。

二、沙漠农业的发展特点

生态型团场的沙漠农业生产方式主要包括两个阶段：第一个阶段是生态环境的改造，如通过植树种草改善区域生态环境，也就是治理阶段；第二个阶段是在改善的沙地上综合利用沙漠特性种植经济作物和畜牧业等形式发展起来的农业。

（一）沙产业的环境特点

1. 生产空间的特殊性

沙产业的生产空间是沙漠、戈壁、荒漠化等干旱、半干旱地区。风沙大、干旱少雨、植被稀少，生态环境恶劣是显著特点，沙产业生产空间的自然环境条件非常差，这给开发利用沙区资源带来了困难。但沙区光能资源和热量资源丰富，雨少但雨热同期，还有丰富的风能资源。

2. 生态系统的脆弱性

沙区主要分布在干旱、半干旱地区，植物群种主要是沙生灌木和半灌木，植被类型大多由丛状不连续旱生群落组成，植被覆盖度非常低。生态系统非常脆弱，而且一旦遭到破坏，就很难进行恢复。

3. 资源产品的多样性

沙区拥有多种植物资源，据不完全统计，分布于沙区的各类植物有 800 多种。丰富的农作物、经济林、牧草和野生经济植物资源，是发展沙产业的物质保证。

（二）沙产业的生态方式特点

1. 资源利用率高

沙区生态系统十分脆弱，开发利用资源更是非常困难。我们必须合理利用沙区资源，避免沙区宝贵资源的浪费。发展沙区农业型产业应采用各种方式节约用水，如利用高科技循环用水、节水型灌溉等方式，这样才能解决沙区水资源短缺的问题。对沙区的生物资源要乔、灌、草综合开发，根、茎、叶全株利用，最大限度地提高生物资源的利用转化率。

2. 产业化程度高

沙产业是一个系统工程，在这个系统工程中，又包含了诸多子系统，系统协调才能发展优势。从新疆沙产业的发展形式看，沙产业规模越来越大，大规模地开发沙产业离不开国家、公司和农民的共同运作。提高企业效益的重要手段是科学化管理、产业化经营。沙产业必须是高新技术和先进管理的组合，只有高新技术的指导，精细化管理的配合，才能保证各个环节充分发挥作用，必须有产、供、销一条龙的产业链格局，才能最终实现规模效益和可持续发展。

3. 科技含量高

高新技术是产业的核心，提高每个生产环节上产业的科技含量是兴办沙产业的主要途径。我们应尽量采用现代科技成果从种植业的种子、栽培、经营直到收获加工利用，为增产、增收提供保障。"多采光、少用水、新技术、高效益、无污染、可持续"是沙漠农业发展的技术路线和实质内涵。"多采光"就是最大限度地利用沙区丰富的太阳能；"少用水"就是合理利用较为短缺的水资源；"新技术"就是充分利用人们已经掌握的新材料、新方法、新工艺、新措施等新的技术集成；"高效益"是指在生态承载力的范围内实现经济效益的最大化；"无污染"是指利用好沙区本身没污染或污染小的有利生态环境进行无公害标准化生产；"可持续"是指对自然资源的高效可持续循环利用。衡量沙产业是否是持续发展的标准就是"生产发展、生活富裕、生态改善"。沙漠农业的稳步发展不仅要具备社会和经济条件，而且还要有相应的技术支撑。

4. 商品率高

衡量一个企业兴衰的重要标志之一是产品商品率的高低，沙产业是社会化大生产的结果，沙产业生产出的产品不仅要自给自足，更要面向市场。要以发展名、特、优、新产品为起点，以市场为导向，树立品牌意识，以效益为中心提高产品质量，实现它的潜在价值。

三、兵团沙漠农业的发展现状

国家林业局《关于进一步加快发展沙产业的意见》《新疆维吾尔自治区沙产业发展规划纲要（2011~2015）》等确立了新疆生态脆弱区沙产业发展的基本框架与建设重点，肯定了沙产业在生态环境修复、增加社会就业、促进农牧民增收、繁荣沙区经济上的积极作用（张红丽，2015）。通过分地区调研，新疆沙产业在改善生态环境和拉动地方经济方面显现出了极大的成效，主要表现为：

（一）特色林果业发展

新疆特色林果业具有显著的资源优势、地域优势、技术优势、规模优势与流通优势，是新疆农村区域经济发展的支柱产业，对于提升少数民族地区经济发展活力、优化农村产业结构、提高农民收入、改善区域生态环境具有积极作用，是生态效益、经济效益、社会效益统筹兼顾的农业优势产业。特色林果业发展突破了兵团长期以来以粮棉为主的传统农业种植结构，逐渐形成了棉花、粮食、林果的多元化发展格局，种植业、林果业、畜牧业三大产业项目，农业生产从规模化扩张的外延式增长转向提质增效的内涵式发展，使林果业资源优势真正转变为区域经济发展的经济优势。特色林果业成为新疆生态脆弱区优化农村产业结构、拓宽农民增收途径、繁荣农村区域经济、全面推进小康社会建设、促进农民脱贫致富的重要选择。

据《新疆生产建设兵团统计年鉴（2016）》统计，2015 年，新疆水果种植面积 205015 公顷，其中苹果 17492 公顷、梨 18309 公顷、葡萄 48658 公顷、桃3360 公顷、杏 5420 公顷、红枣 110247 公顷。水果总产量 348.91 万吨，其中苹果 46.64 万吨、梨 42.06 万吨、葡萄 86.72 万吨、桃 6.78 万吨、杏 4.25 万吨、红枣 161.86 万吨。从当前来看，兵团特色林果基地的整体规模、生产能力与产业化水平不断提升；新疆沙区特色经济植物种植面积已达 110 万亩，地处塔克拉玛周边的南疆五地州的特色林果总面积也已经超过了 1300 万亩①，沙区绿色植被的种植，加上大量节水灌溉的实施，增加了当地的森林覆盖率，改善了地区气候，起到了防风固沙的效果。兵团特色林果业发展已作为促进农业结构调整、发展区域特色经济和增加农民收入的重点产业来抓，在原有生产规模的基础上，突出特色优势，扩大种植区域和栽植面积。按照适地适树、突出重点、规模发展的原则。发挥其农田防护林及经济林双重作用。

（二）肉苁蓉等特色沙产业发展

兵团积极推动沙产业发展，初步形成了沙生中草药、灌草饮品、沙漠旅游等特色沙产业，肉苁蓉、沙棘、黑枸杞等沙区特色经济植物种植加工粗具规模，红枣、核桃、巴旦木等沙区特色林果业稳步推进，并形成了农户＋企业特色沙区农产品开发模式、沙区设施农业开发模式、沙区特色药用植物开发模式、种养一体化模式、生态观光模式等沙产业发展模式。沙产业成为提升兵团沙区自然资源利用效率、有效改善沙区生态环境、缓解粮食供给不足、促进农牧民增产增收、维护经济社会有序稳定的重要选择（张红丽，2015）。

以肉苁蓉为例，以肉苁蓉为主的沙生药物产业成为兵团农业经济新的增长点和改善生态环境的战略性举措。和田地区科学规划并确定了重点发展县域肉苁蓉产业带。截至 2011 年底，全地区已累计完成人工定植红柳 30.6 万亩，累计接种红柳肉苁蓉 28.04 万亩，先后引进和田天力沙生药物开发有限公司在杭州投资建

---

① 新疆维吾尔自治区沙产业发展规划纲要（2011～2018）[Z].2010.

立了符合 GMP 标准的厂房,并在于田县建立红柳肉苁蓉饮片加工厂;和田帝辰医药生物开发有限公司与日本合资在洛浦县建立红柳肉苁蓉有效物提取加工厂;中山大学在墨玉县玉北开发区建立了荒漠试验站,并创建 3000 亩红柳肉苁蓉生产种植基地及生产厂房,目前已经引进国家最先进的烘干和加工设备。另外,还有很多国内的相关产品加工企业和科研院所纷纷在和田地区建厂和种植红柳肉苁蓉。日本厚生省已将红柳肉苁蓉列入食品目录,给红柳肉苁蓉产业提供了一个良好的海外市场。改善了当地局部生态环境,促进了农民增收。于田县沙化区红柳接种人工红柳肉苁蓉模式,已被国家林业局作为新疆、甘肃、内蒙古沙区退耕还林典型模式宣传推广,现该县已建成全国最大的人工红柳肉苁蓉生产基地,每亩效益达到 18000 元。在此地区兵团团场要借此东风大力发展红柳肉苁蓉产业。从农户收入的角度来看,从沙漠农业收入占总收入的比例来看,南疆地区大部分占到了 20%,其他地区也基本维持在 10%~20%,可见在沙产业的发展过程中,沙产业的经济效应正在显现,在沙区的未来发展过程中,沙产业可能成为比较重要的收入来源。

(三) 荒漠现代设施农业发展

设施农业是现代农业的组成部分,兵团以城镇为依托,以现代农业示范区为基础,切实增强设施农业的技术集成、产业集聚、产城融合、创业平台、核心辐射等功能。按照 "多采光、少用水、节耕地、新技术、高效益" 的发展思路,兵团充分利用沙漠、戈壁、荒滩资源,引导和支持农工大力发展荒漠区现代设施农业,逐步解决了设施农业与大宗农作物生产用地,以及发展设施农业规模用地等矛盾,使荒漠现代设施农业呈现出节水、高效、优质、规模发展的良好局面。截至 2011 年底,建成日光温室 99340 座、99340 亩,拱棚 82983 座、23163 亩。不仅节约了有限的耕地,拓宽了农民增收的新领域,还进一步激活了相关产业的发展,为建设生态农业、循环农业奠定了基础。

第二节 兵团沙漠农业发展存在的问题

一、政策扶持不足

沙产业的相关政策是伴随着防沙治沙建立起来的,涉及法律保障、税收政策、信贷政策与规范管理制度等。具体为 2001 年全国人大通过了《中华人民共和国防沙治沙法》、2008 年国务院颁发了《关于进一步加强防沙治沙工作的决定》、1991 年国务院办公厅批准《关于治沙工作若干政策措施的意见》，鼓励企业和社会力量参与防沙治沙和沙区资源合理开发利用。1991 年，国家税务局下发了《关于对治沙和合理开发利用沙漠资源给予税收优惠的通知》，明确对沙区种植业、养殖业及综合开发、加工利用治沙资源所办的企业等给予减征或免征相关税收。1992 年的《关于发放治沙贴息贷款有关问题的联合通知》、2008 年的《林业贷款中央财政贴息资金管理规定》，进一步规范和加强了治沙贷款中央财政贴息资金管理。2008 年，国务院审议通过了《全国防沙治沙规划（2008 ~ 2010 年)》，明确了防沙治沙任务和目标，确定了沙产业发展区域。2010 年，国家林业局《关于进一步发展沙产业意见》，2011 年，新疆林业厅《新疆维吾尔自治区沙产业发展规划纲要（2011 ~ 2018)》，极大地推动了沙产业发展。但由于沙产业界定不清晰、地方沙产业发展处于国家防沙治沙规划之外等原因，新疆提出了沙产业发展规划，但具体的细则却没有相应的政策指导。在新疆地区沙产业的调研过程中，发现缺乏强有力的项目和政策扶持，造成了地方沙产业的发展由于缺少相应的政策扶持而停滞不前。

二、产业链条短

从当前看，由于作为发展沙产业的主导力量的企业处于国家的防沙治沙体系之外、沙产业生产的特殊属性及沙地产权属性等诸多因素的影响，兵团沙产业发展仍处在初级阶段，沙产业工业化程度低，与沙产业相关的旅游产业开发力度小，造成沙产业结构中第二、第三产业所占比重较小。目前，仍然以原材料初级产品为主，加工转化率低、产业链条短，致使资源综合利用率低、产品附加值低及企业经济效益低，阻碍了沙产业的产业化发展进程。即使在沙漠农业发展程度较好的和田地区，沙漠农业的发展特别是沙生植物类如大芸还主要以初加工为主，并且加工仅有 2 家，面对 30 万亩接种面积的规模，工厂的加工能力远不足以满足生产，多数的产品仅仅通过晾干等初加工就销往市场。且沙产业企业规模小，龙头企业少。从企业加工能力看，大型企业主要集中在和田、喀什、阿克苏，其他地方的企业规模较小，加工能力一般。从企业数量来看，整个新疆的加工企业仅有 180 个，龙头企业不足 10%，多数是中小微企业。由于融资难、风险承受能力低、知识程度低，没有能力形成规模化、集约化的沙产业基地。基地建设规模化、集约化程度低，将会给企业扩大生产规模带来不利的影响，在一定程度上抑制了兵团沙产业的规模化发展。

三、资金与技术支持不足

沙产业是一种"多采光、少用水、新技术、高效益"的知识型农业，可见沙产业在经营中对技术的要求很高，如节水技术、生物技术等，一旦这些技术应用发生失误，对沙产业的影响是致命的，没有科技的支撑，沙产业很难在如此恶劣的生态环境中长期发展下去。这些仅仅是技术本身，在引进先进技术的同时，需要大量的配套措施，如水利和电力支持。且当前治沙贴息贷款期限太短，一般为 1 ~ 3 年，而沙区造林周期长，至少需要七年，造成企业栽种的经济林还没有取得经济收益时就要还贷。企业后续发展所需要的资金投入政策支持力度不够，基层金融机构落实贷款的积极性不高，导致一些项目实施受到影响。故而沙产业的发展需要政府在资金与科技上的双重支持。但当前我国关于沙产业相关的资金和技术支持力度不够，造成了大部分企业融资难、产学研脱节，最终致使企业经营规模小、产品科技含量低，不利于沙产业延伸产业链，发展循环经济。

四、管理体制不健全

兵团尚未建立专门的沙产业管理机构，多部门共同管理规划沙产业的发展，就会产生职能交叉、权责不清等问题，造成重复管理与无人管理等现象。调查结果表明，各部门对沙产业的规制不一致，导致企业在处理与政府之间的关系时效率低下，并受到林业局、农业局、工商局、科技处等多个部门的管理，严重影响企业发展。

同时，沙产业产权管理不清。按我国现行的土地政策，沙地属集体所有，由农民来承包，承包期为 30 年。治沙企业根据产业发展需要，对沙地的规模化开发使用，需要从农民手中通过"反租倒包"方式来获得沙地，沙地权属的不完整和短期化，使企业无法形成稳定的使用权预期。企业在投入的时候要精打细算，很难进行长期高效的投资，企业担心一旦改善好了沙地，农户要求收回土地，企业是没有办法的，由于沙地产权的限制，企业在租种土地的时候会进行短期投资，产业化发展也会慢许多。因此，现行的荒漠化土地承包、转让和利用政策，已经成为沙产业产业化进一步发展的障碍。

五、沙产企业管理能力不足

从当前来看，兵团沙产企业作为发展沙产业的主导力量，其自身管理基础过于薄弱，缺乏有效的、系统的企业管理制度。大多兵团沙产企业并未形成科学的公司治理结构，分工不明确，权、责、利不清晰，管理不分级别、事务不分部门，不能专人专用，企业领导既要处理融资问题、销售渠道，又要关注生产情况、人才招聘等，面临经营市场等多方风险。且大部分兵团沙产企业规模较小，作为"有限理性经济人"，只关注眼前利益，没有长远发展战略，对这些企业来说，习惯了"小打小闹"，利润是衡量企业效益的唯一指标。此外，大多数企业并不注重企业文化和品牌形象的建设，企业文化是增强团队凝聚力的核心因素，缺乏企业文化，员工对企业的忠诚度就会降低。而品牌形象的建设更加重要，企业没有品牌效应，只处在初级加工阶段，产品的附加价值就会大打折扣。从短期来看，会减少产品利润，从长期看，则会阻碍沙产企业做大做强。在内忧外患的情况下，则会致使兵团沙产业的发展停滞不前。

第三节　兵团沙漠农业主要经营模式

一、集体经营模式

（一）案例分析

1. 兵团第八师 149 团万亩肉苁蓉种植基地

第八师 149 团位于古尔班通古特沙漠南缘，沙漠面积占全团土地面积的 40%，自 2008 年林业工程建设以来，利用节水滴灌技术完成柽柳、梭梭防风固沙林 10000 亩，为实现生态和经济效益的双赢，发展沙产业肉苁蓉种植势在必行。2011~2013 年，149 团万亩肉苁蓉种植基地总投资 1234.64 万元，其中，申请国家专项资金 400.0 万元，占总投资的 40.4%，团场自筹 934.64 万元，占总投资的 49.4%。2011~2013 年，农八师 149 团重点公益林 1 万亩补植及肉苁蓉种植基地总投资 1234.64 万元，根据建设内容分为苗木补植工程投资概算、节水灌溉工程投资概算、肉苁蓉接种投资概算、管护抚育投资概算和宣传教育投资概算 5 项投资概算，折合亩投资 1234.64 元/亩。项目建成后，第二年初见产量，从第三年开始，规模亩产鲜肉苁蓉 80~100 千克，亩产值达到 800~1000 元，并且是一次播种多次寄生，一次寄生多次采割，经济效益可持续 4~8 年。3 年之后，年产干肉苁蓉 100~140 吨，年产值 800 万~1200 万元。项目建成后第二年见效，见效当年基本可以回收投资成本，后 3～4 年内利润在 600 万～800 万元。如果进行深加工，利润更为可观。

肉苁蓉种植基地建设通过在重点公益林区内实施人工造林等营造林措施，增加 10000 亩梭梭新植林地，短期内有效地提高项目区的植被覆盖度，进一步增强了 149 团北部外围荒漠植被的屏障作用，逐步提高林草植被防风固沙、调节气候的能力，改善了区域气候，减弱了风沙对内部农业生产的危害，使林草资源得到有效保护，将扭转生态环境恶化的趋势，使人工绿洲和天然植被的生态环境得到改善，对整个 149 团及周边地区生态环境的改善起到十分重要的作用。其积极利用高新技术，培育沙生药用植物品种，利用项目区较好的自然资源优势，发展沙产业，合理、有效地开发和利用土地资源潜力，达到用地、养地相结合，维护生态平衡，实现经济、社会和生态三大效益的基本指导思想。

2. 兵团十四师 224 团荒漠特色林果业

十四师 224 团地处塔克拉玛干大沙漠南缘，昆仑山北麓，是兵团在 21 世纪新建的第一个现代化农业示范团场，是新疆乌鲁瓦提水利枢纽下游皮墨垦区配套水利工程之一，是国家、自治区支持兵团十四师发展壮大的项目工程。总规划面积 39 万亩，可实现灌溉面积 24 万亩。全部采用自压式高新节水灌溉技术，是目前全国面积最大、技术设备较为先进的首制自压式高新节水灌溉区。皮墨垦区模式，即在国家政策和项目的重点扶持下，以科学发展观统领，按照屯垦戍边新型团场建设和农业现代化的总要求，统一规划，采用高新节水灌溉技术，集中连片利用荒漠资源，发展特色优势农业产业，实现社会效益、生态效益和经济效益的协调发展。皮墨垦区模式为南疆荒漠地区推广高新节水灌溉、保护生态环境、建立人工生态树立了典范，为南疆利用荒漠发展特色林果业闯出了一条新路子，彰显了生机与活力。目前，已开垦种植 18 万亩，其中农田防护林 2.6 万亩，经济林 13.9 万亩。其中红枣、枸杞、大芸等经济林 13.9 万亩，全团拥有总人口 12000 人，形成了兵团唯一一个纯林果业生态农业团场。

（二）存在问题

由于地理条件限制，沙漠农业集体经营初期主要以生态改造阶段为主，而伴随着生态改造成果的出现，沙漠农业发展进入了第二阶段，即种植经济植物，如通过种植红柳、梭梭及耐旱类林果树等，然后对产品进行加工，形成产业体系。这种集体经营模式有以下特征：

1. 集体经营管理效率低下

集体沙产业经营模式的具体管理主要是通过连干部执行的，连干部统一调配物质和人员，统一规划沙漠农业生产和经营。由于连干部一般不是专业的管理者，并且其管理方式比较保守落后，导致管理效率低下，不能适合现代沙漠农业的经营管理。在管理中，由于观念的冲突，经常出现农工不配合的现象，连干部在处理这类现象的时候不能区别对待，经常凭借自己的权力进行生产的裁断，导致矛盾冲突，降低管理效率。

2. 缺乏监督导致农工参与积极性不高

按照市场理论，经营者追求自身利益最大化。集体统一购买种子、化肥、农药等生产资料，可以享受农资产品的批发价格，增强了讨价还价能力，降低了单个农工购买生产资料的搜寻成本和交易成本，使种植总成本下降。但是，由于缺乏对干部的监督，不能排除会有一些干部利用手中的权力和关系寻租，或者侵占集体财产的行为，导致管理效率的低下，损害农工的利益，降低农工参与生产的积极性。

（三）原因分析

兵团是"党政军企"合一的特殊社会组织。出于维护边疆稳定的需要，兵团内部垂直性、集中性和命令式的治理架构，市镇政府的经济和行政职能依附于兵团、师、团场的垂直集中体制。兵团区别于地方政府的集中管理体制，主要表现为对经济和社会资源的强大动员能力，经济职能和行政职能依赖于兵团的垂直集中体制得以发挥作用。

兵团通过权威治理机制向市场治理机制转变的方式以求在保持规模经济的同时获取经营效率的努力，并未达到预期效果。究其原因，这种"转变"并不是完全意义上的转变，而是产权残缺基础上隐蔽性的权威控制；"权威"内核深深植入"市场"的外壳之中。从上述兵团体制中可以看出，兵团体制体现在一个"统"，利用军政企一体化的力量统一经营，这种经营是其他组织无法比拟的，但是，在"统"后却缺少了"分"。通过统一的力量，兵团完成大规模的沙漠农业经营，由于缺失了"分"，兵团的后续管理跟不上，导致兵团沙漠农业经营模式管理效率低下，严重阻碍了沙产业的可持续发展。为了改善管理效率，兵团可以尝试通过引入企业和个人承包等其他的经营模式提高管理效率。

二、家庭承包经营模式

家庭承包经营模式是沙产业一种比较普遍的经营形式，特别是在经济不太发达的新疆，家庭型的沙产业经营模式在沙产业的发展初期表现尤为突出，随着近些年国家对沙产业发展的支持和沙产业发展形式的多样性，沙产业的发展成为区域经济增长的一个新的增长点，作为拥有沙地相关产权的农户，发展家庭型的沙产业自然成为了一个重要的趋势。

家庭型沙产业经营模式下，生产经营的主体是农户。在日常经营方面，农户以家庭为单位参与分工协作生产。在面对重大决策的时候，通常是家庭成员进行商议而做的决定，产品分配是按需分配方式。

家庭型沙产业经营模式以家庭为经济核算单位，每个家庭成员内部的劳动是义务的，不计成本，劳动报酬仅仅是家庭中的生活权益。这种发展方式与沙地的前期改造是一致的。沙产业的发展前期都是通过对沙地的改造，如通过植树种草等方式改造沙漠，特别是植树要求集中较多的劳动力，只有在家庭劳动力不足的情况下才会采用雇工的方式解决，由于这些工作比较零碎分散，因此很难计算成本和价格，家庭形式却能充分发挥家庭内部成员的劳动能力，充分利用劳动力，如家中的孩子也可以在放假的时候进行一些力所能及的劳作。综上可以看出，家庭型的沙产业经营模式充分发挥了家庭内部的劳动力，有较高的工作效率，是沙产业发展前期比较成功的一种经营模式。

（一）案例分析

第八师121团职工韩某始终把造林绿化，改善生态环境工作放在首位。多年来，他不断深入荒漠区，紧紧围绕团场"北治沙，南建农田防护林、经济林"的工作思路，大胆造林，开拓创新，在充分考察的基础上，按照团场"南抓农田林网建设、经济林建设，北抓荒漠植被保护与补植林木并举，完善与保护三北防护林建设成果"的造林绿化总体布局、思路，使他承包的林地造林工作走上健康、快速的发展轨道，沙区生态环境明显改善。

为巩固和完善生态建设成果，从2006年起，韩某个人投资600余万元，对荒漠区植被盖度在0.2以下的进行了补植，树种为杨树，从打机井四眼，架线、安装节水灌溉，到苗木栽植，历时9年，完成造林面积3400余亩，到2012年春，累计补植梭梭苗40余万株，保护区的灌木由封育及补造前的40余株增至现今的200余株，重点保护的次生胡杨林由封育前的49株增至近200株。采用了节水灌溉系统，为荒漠植被保护综合治理探索了新模式，总结了新经验。

2004年121团率先推行林权制度改革，韩某思路清脑子灵活，看到国家和团场对私有种植的优惠政策，大胆投入，累计达600余万元，种植杨树近40万株。按照适合当地林业发展的模式，选择适地适树的树种造林，以增加个人经济收入的想法，大胆付诸实施。

在荒漠区发展林下经济，推动畜牧业发展。121团地处沙漠前沿，是生态安全的重要防线，生态效益和经济效益的结合是我团生态建设过程中必须考虑的重要内容。在采用节水灌溉发展林下经济的同时发展沙产业，同时发展林下生态养殖，实现生态效益和经济效益双丰收，促进农业产业化健康发展，同时开辟了一条增收的新途径，实现了身体和经济效益的双赢。因而韩建军发展大芸人工种植1000亩；发展沙漠生态养殖，盖圈舍6座，根据市场需求，大力发展特色家禽林下养殖业，为市场提供绿色食品。

（二）存在问题

1. 成本—收益难以核算

在家庭型的沙产业经营模式下，家庭是最小的经济核算单位，它的经营活动灵活，可以充分利用当前的劳动力。但因为是利用闲散的劳动力，这样在核算过程中，对于成本—收益的核算就不是很清楚了，这和当前广大农村的统计方式一样，他们在计算自己的收益的时候，仅仅把能看到的显性成本，如化肥、农药、种子等核算进去，在沙产业的家庭经营中，人力资本却没有进行核算，这样，无法了解成本—收益，没有能够了解沙产业家庭承包的真正收益情况，不利于沙产业经营模式的推广。

2. 家庭经营模式效率低

在家庭型沙产业经济模式下，家庭是最小的经营单位。一般而言，家庭由于人力和资金的限制，经营规模比较小，机械化程度低，导致在经营中效率比较低下，不能形成很好的规模效益。沙产业的特点是投入比较高，产出比较慢，家庭在经营过程中容易导致不合理的开发，造成沙区地区的生态环境恶化。

3. 产品附加值低

家庭经营由于是单个的经营主体，在沙产业的发展模式中，仅仅是依靠种植业，如种植中药材、沙棘等。这些产品多是附加值比较低的初级农产品，有的产品未经过深加工，直接在市场上进行交易，产品的价值很低。家庭在这个过程中显然是初级产品的生产者，收益较低。

4. 产业化程度比较低，风险大

由于是家庭经营，他们是分散的个体，没有形成一定的规模，无法对产品进行深加工，产业化几乎谈不上，因此，难以享受加工环节带来的高附加值。而且沙产业在发展过程中面临的两种风险问题，直接影响经营者的积极性。

一是自然风险。沙产业的发展离不开自然环境的变化，异常的天气对沙产业的产出是有很大影响的，不仅影响产量，对产品的品质也会有很大的影响。

二是市场风险。对家庭承包沙产业经营影响最大的就是市场风险，市场价格的波动对农户收入的影响很大，这也是单个农户很难解决的问题，需要寻找一个合作组织来降低这种经营风险。

（三）原因分析

家庭是农业生产最小的基本单位，同样，家庭在沙产业经营中也发挥着极大的作用。通过上一章的分析，家庭是发展沙产业的最基本组织，在经营沙产业的过程中，通过沙产业首先改善周围的生态环境，这是农户进行其他生产的基础，故在生态环境和土壤改良方面，农户表现出了极大的积极性。但农户也是理性人，在保障生态环境改善的情况下，追逐经济效益的最大化是其发展沙产业的最终目的。家庭承包经营中，由于经营规模较小，在资金和技术方面明显不足，无法充分利用土地资源进行沙产业发展。由于沙漠农业投资大，回报周期长，因此，未来家庭承包经营模式可能会继续存在，但将不是主流模式。农户拥有土地，可以借助企业的资金和技术，形成合作制发展沙产业，这样更利于沙产业的长远发展。

三、公司型经营模式

公司型沙产业经营模式已经是新疆沙产业发展的主要模式。存在公司＋农户、公司＋基地＋农户、公司＋合作社＋农户等情况。公司通过租赁农户或者集体的沙地，从事沙产业相关产业经营。公司主导型沙产业经营模式下：

首先，要获取沙产业发展的土地，土地的拥有者是农户和集体，这样公司要与租赁土地的农户或者集体签订土地使用合同。

其次，公司与农户签订合同，雇用农户为其提供劳动力。

在公司具备了沙产业发展的土地和人力之后，公司开始进行统一的原材料采购，并且定期培训农户进行规范化种植。公司选派专业的管理人才进行管理，日常的管理主要由合作农户执行。在产品的销售阶段，公司通过订单形式收取农户的产品，农户节省了寻找市场成本，降低了经营风险，实现了农户和公司的双赢局面。

（一）案例分析

北疆红提果蔬公司，成立于2001年，现已在10万亩沙化土地上建立红提葡萄基地。公司获得6个品牌认证，产品远销全国40多个城市。公司现拥有9个设施农业种植基地，分别为81团、83团、84团、86团、89团、88团、89团、90团、91团大棚蔬菜种植基地，曾计划到"十二五"末发展大棚蔬菜1.4万个，以满足国内外市场的需求。

北疆模式最为突出的管理模式为提出了生产者、管理者、经销者和经营者"四位一体"的经营模式。具体如下，红提葡萄种植户作为产品的生产者与公司一体，种植户与公司签订购销合同，严格按照要求生产，保证产品品质；团场是管理者，为了能够增加团场效益，团场专门组织管理队伍，负责日常的监督和管理；公司作为经营者，联系全国各地的经销商，建立稳定的合作关系，并在各个利益之间进行平衡，实现了种植户增收，团场增效，经销商赚钱的统一目标。这样种植户、团场、经销商、公司就结成了利益联结的共同体，实现风险共担，利益共享。这一模式最为重要的是实现了合理的利益分配，保障各方的利益，促进产业的健康发展。

（二）存在问题

1. 公司沙产业可持续经营受限

公司通过租赁或流转方式获得的土地，公司只有使用权，这也是制约公司型沙产业可持续发展的一个关键因素，加之农户沙化土地产权界定不明晰，故而公司长期投入很难从产权改革中实现应有的价值体现，公司不会从长远考虑发展沙产业。再者，由于沙产业不同于其他产业，生产周期比较长，若公司无法充分享有土地权益，很难保障公司可以长期持续发展。

2. 农户缺乏自主经营权

公司主导经营下的沙产业，排除了土地资源的限制，公司拥有沙产业发展的技术和资金，还有先进的管理技术，在这种模式下，公司实现专业化的经营和管理，是实现沙产业产业化发展的必然选择。公司决定沙产业的经营方式、种植种类、种植面积和种植形式，农户只能按照公司的要求进行种植，没有选择的权利。

3. 经营风险大

在实际的生产过程中，公司存在以更低的价格收购产品，实现收益增长的情况，如此，农户需要重新寻找销售市场，无形之中增加了时间成本，产品价格也会受到冲击，对农户造成巨大的损失。同样，农户为了更高的销售价格而销售产品，若如此，公司很难追究责任，也很难完成收购任务，对公司的损失是致命的。双方利益分配不均，增大了经营风险。

（三）原因分析

公司作为有限理性经济人，注重利益，土地产权不明确，公司难以实现规模化生产，久而久之，制约了兵团沙产业的产业链延伸，农户土地产权归属一直是公司主导型沙产业持续发展的制约因素，也是后期改善这种模式的关键所在。另外,公司与农户、合作社等合作,两者便是一种契约关系,契约的形式多是为了保障双方的利益而制定的,但由于利益驱使,存在公司和农户都有违约的可能性,同样制约着兵团沙产业的发展。该种模式需要优化,完善利益分配等机制,也是其未来长期存在的关键。未来,在沙产业的经营中,政府、集体、公司和农户可以形成一个集合体,采用入股的方式进行产业的开发,最大限度地发挥参与主体的优势,形成优势互补的高效产业依然可期。

第四节　沙漠农业发展方式转变路径

以"生态"功能为主的团场其恶劣的环境条件及区位因素赋予了团场又一项特殊的使命,为保护新疆及绿洲的生态和谐、经济发展、社会稳定、人民生活而筑建第一道生态保护屏障。因而其生态价值功能远高于直接经济价值功能。该类型团场应该在维护稳定和生态绿洲强度建设的基础上,始终坚持治沙与用沙结合的沙漠农业、生态农业发展道路。

一、发展农林、农草复合的生态农业

研究表明,有效地将农林业有机地结合起来,建立生产力高、综合效益大的农林复合系统,既改善了自然生态环境、农业生产的恶劣条件,也解决了林业生产的收益问题,同时提供木材和农副产品,增加了社会的稳定因素。以"生态功能"为核心的团场主要分布在南北疆沙漠周边,资源相对匮乏、生态较为脆弱、土地荒漠化及盐碱化较为严重。因此,加速生态环境治理,大力发展生态农业走农林、农草复合经营与综合开发途径,才能使生态经济协同发展。该类团场应立足于自身环境因素、禀赋条件,确立围绕生态农业思想,以农业生产为基础,以生态经济型防护林体系建设为骨架,以经济林和畜牧业为主导,"既要金山银山,也要绿水青山"。走绿色、和谐、高效的复合农业发展新路子。坚持因地制宜,充分利用沙漠边缘的优势,突出沙区特色,优化结构,积极创新,组建符合当地实际的农林、农草复合经营开发模式,并建立示范研究基地,同时加速第二、第三产业的发展步伐,逐步形成种、养、加相结合,产供销一条龙的经济格局。

二、延长使用权，鼓励多种形式经营主体参与农业发展

根据沙漠农业投资大、回收周期长的特点，应适当延长承包使用年限（70～100年）。如积极引导新型农业经营主体明晰产权，建立健全各项规章制度，建立科学高效的管理体制，使新型农业经营主体的经营管理符合金融机构的信贷准入要求。如出台家庭农场、农业大户等新型农业经营主体设立、注销等相关制度规定，明确新型农业经营主体的法律地位、认定标准、注册登记等，推动其成为独立的、稳定的承贷主体。通过树立先进典型，重点扶持信誉较好、经营规范、经营效益较好的新型农业经营主体，引导规范经营。

三、技术支撑

在沙产业的界定中，沙产业归属于高科技产业，是利用高科技发展起来的产业，科技性是产业的属性。为了保障沙产业的可持续性和竞争力，需要健全科技保障体系。主要从节水技术、生物栽培技术和深加工技术等入手推进沙产业的可持续发展。

（一）节水灌溉技术

新疆生产建设兵团的农牧团场多位于河流下游、沙漠边缘、盐碱腹地、边境沿线，水资源更为稀缺，为了能够在水资源短缺的条件下推进经济社会可持续发展，经过多年的实践，兵团探索出了一条借鉴和创新相结合的节水灌溉发展之路。同时，兵团规模化生产、集约化经营、机械化耕作的现代农业生产方式，也为节水灌溉发展提供了良好的基础条件。近10年来，兵团的节水灌溉技术推广从沟畦灌到喷灌再到膜下滴灌，先后上了三个大台阶，已建成高效节水灌溉面积999万亩，占耕地面积的62.8%，高效节水技术广泛应用于棉花、加工番茄、玉米、辣椒、哈密瓜、葡萄、苜蓿、甘蔗、烟草、枸杞、大豆、马铃薯等30多种作物。目前，节水技术方面效率较高的是膜下滴灌技术。膜下滴灌节水的机理，主要在于它在除输水环节以外的三个环节都实现了节水。节水灌溉技术是沙产业发展的基本技术，也是根本支撑。

（二）特色作物栽培技术

在特色作物的选择上，兵团沙产业可以借鉴内蒙古鄂尔多斯发展特色沙产业的经验，开发以沙产业为基础的特色产业，包抱沙棘、沙柳、麻黄以及天然绿色植物农药的开发。充分发挥沙棘、红柳等特色作物独特的生物学和生态学特性，其易繁殖、生长快、抗风蚀、耐沙埋，是沙地造林的优良树种。同时，进行沙柳

产业化开发,搞后继加工,既能实现沙柳增值、企业增效、农民增收,也能恢复生态,实现沙漠增绿。苦豆草、披针叶黄华、沙冬青等有毒灌草,属沙生、耐干旱植物,具有防风固沙、涵养水分、保护植被、维护生态平衡的重要作用。同时,这些有毒灌草中含有生物碱、毒蛋白、有机酸等有毒成分,是生产纯天然绿色植物农药的理想原料。可以推行大面积种植有毒灌草,获得较好的生态效益,并形成特色作物多元发展、沙产业项目不断增加的良性发展局面。

（三）特色沙生作物加工技术

为了更好地发展沙产业,延伸产业链条,良好的特色沙生作物如沙棘、沙柳和微藻等加工技术的推广和应用,更能很好地发展沙区的沙产业。以沙棘为例,沙棘不仅具有巨大的生态价值,而且也具有极高的营养保健价值及医用价值。沙棘的根、茎、叶、花、果均可利用,特别是果实含有丰富的营养物质和生物活性物质,可以广泛应用于食品、医药、轻工等国民经济的许多部门。沙棘中含有190多种营养物质及生物活性物质。在沙区大力种植开发沙棘,随着种植面积的扩大,就会形成种一片沙棘,造一方绿洲,创一个产业的良好局面,形成良性循环,最终建立起以沙棘为特色的生态经济产业链。

四、加大财政支持力度

（一）建立生态效益补偿制度

为推进沙产业发展,兵团应建立支持该类团场发展的公共财政制度,建立和完善公共财政扶持、农业发展促进、企业发展保障的政策体系,建立和完善森林生态效益补偿基金制度。加大财政转移支付力度,由中央和兵团财政全额承担"生态功能"主导区公共服务方面所需要的费用。建立生态农业、生态公益林基础建设投入补贴制度,出台相关财政扶持政策。政府全额承担退耕还林、还草补助,设立生态环境建设专项基金,对区域内生态管护设施加大财政建设投入,设立专门的管理费用和人员经费财政预算科目,保证稳定的资金投入,坚决杜绝破坏生态、环境污染的开发活动。以财政补贴和税收优惠鼓励特色农业发展,引导不符合功能区定位要求的产业外迁。为兵团沙产业发展提供积极的资金支持,推动兵团沙产业的规模化发展与资本化运营。

（二）加强政府对沙产业的财政、税收优惠政策

发展沙产业不仅可以加快新疆的经济发展步伐,更重要的是可以改善新疆的生态环境,对解决"三农"问题也有积极作用。国家可以对参与治沙和荒山绿化的企业及个人实行与农业、林业同等的税收优惠政策和适当的财政支持,放宽

沙产业建设项目的市场准入条件。改革现有的税费制度，对防沙治区和开展沙产业的单位和个人，切实落实国家对农业产业的减免税政策，实行在投资阶段免税，取得一定收益后，减免税的优惠政策；加大对发展沙产业的治沙贴息贷款力度，凡符合规定的沙产业项目，尽量保证贷款指标，并对符合条件的种植业、多种经营、沙漠生态旅游和营造沙产业资源开发和沙生产品加工等贷款项目予以财政贴息，以及降低特定贷款类型的再贷款利率等；实行生态效益补偿制度，对企业营造的防风固沙林、防护林等按规定不能采伐利用的资源，对经营者给予适当的经济补偿。

（三）建立金融风险补偿机制，调动金融机构支持

沙产业发展的积极性如果纯粹从经济效益考虑，沙产业难以吸引商业性金融机构的介入，但由于沙产业具有外部经济性，发展沙产业具有巨大的生态保护效益，因此有必要使用财政资金建立沙产业贷款风险补偿机制。建议地方财政建立贷款风险基金，通过提供贴息和弥补呆账损失或减免税费等，鼓励金融机构加大对沙产业的信贷投入。各地可通过保费补贴等必要的政策手段引导保险公司、沙产业企业、沙产业专业合作组织和农牧民积极参与沙生产品保险，扩大投保面积，有条件的地方可设立沙生产品保险补偿基金，建立统一的保险制度，创建新的投保方式，降低沙产业经营风险，调动金融机构支持沙产业发展的积极性。

（四）尝试成立扶持基金，对沙产业的发展进行前期孵化

积极筹划和设立沙产业发展基金，实现滚动发展，以减轻财政压力，拓宽融资渠道。沙产业发展基金应该包括政府性基金、纯公益性基金以及商业性基金。三种基金形式特点各不相同，结合国内外基金发展经验，沙产业发展基金可设计为一种集三种基金优势的混合型基金，由政府财政部门牵头，财政拨款、国际援助等资金组成，成立专门的投资管理公司，结合产业投资基金试点经验，把沙产业基金进行商业化原则运作，如把某个时段申请资金支持的沙产业项目打包，以其中的一部分产权为标的资产，向市场发行基金股份期权，承诺将来一旦这些项目上马，立即实行股份制改造，并按期权的执行价格向持权者出售项目股份。

五、完善政策体系

（一）制定沙产业优惠政策

根据新疆区域自然生态特点和产业结构布局，制定相应的沙产业发展政策。因地制宜，对产业构成体系和产业链延伸进行整体的政策安排和引导。将一些生态环境较差的，列入国家专项重点生态治理项目并给予经济支持，恢复地区产业

发展的可持续能力。发挥政策性银行的特殊作用，创新投融资体制，实现投资主体多元化和投资方式多样化，吸引各类资金向新疆沙产业聚集。对于从事沙产业开发的单位和个人，在投资阶段免征各种税收，取得一定收益后，可以免征或减征有关税收。实行沙产业发展的贴息贷款政策，支持有条件、有生产能力、守信用的农户通过防沙治沙，发展多种经营，实现增收致富。

（二）制定相关政策与沙产业政策协调机制

积极协调金融和财政部门，争取各级财政划拨支农、农业综合开发、小城镇建设、科学研究和技术推广、教育培训等资金，有重点地向沙产业发展领域倾斜，重点扶持基地建设、科研开发、技术服务、质量标准和信息网络建设。对发展前景好、带动力强、与生态建设结合紧密的龙头企业提供信贷支持，在林草业治沙贴息贷款中优先安排。有条件的地区，应逐步设立沙产业发展小额贷款担保基金，扩大与沙产业相关的农户小额信用贷款和农户联保贷款。对沙产业发展中有关生态建设方面的关键性技术，按程序申报科技支撑项目。对能促进沙产业发展阶段资源培育的项目，只要列入工程规划并满足工程建设要求的，一律按国家政策补助。还应向中部、东部生态收益区征收一定的生态建设补偿费用，支持西部生态恶化区恢复生态。建设基金会等资助平台，运用市场化手段，使政策动力转变为长效持续的市场动力。

（三）形成沙产业发展的科学评估与决策机制

政策体系是实现宏观管理最重要的手段，沙产业需要有较完善的政策体系予以保障。而且要设立监管机制，监督企业对国家补贴经费的使用效率及使用方向，制定项目绩效考核标准。制定有利于促进沙产业发展的政策及法律法规体系，将对沙产业早日实现支柱产业目标具有重要作用。沙产业中土地生态系统、产业类型选择、生态环境保护标准等方面的发展必须符合国家有关生态与环境保护标准以及其他政策机制的要求。沙产业属于开发建设项目，为了增强项目的可行性和科学性，要实行环评制度，并积极开展开发建设项目环评或规划环评和水资源评价。对能满足条件的沙产业生态系统承载力进行科学评估，采取关闭机井、压减耕地、组织移民等措施，建立当经济效益和生态效益发生冲突时必要的约束机制。沙产业发展的同时要限制耗水及污染企业的进入，对沙产业企业经营要建立严格的审查准入制度，沙产业发展要以生产安全有机绿色产品为目标，防止污染和破坏河流的生态环境。

第八章　三类维稳戍边型团场农业发展方式转变路径

——外向型农业

兵团从组建开始，就是一支高度组织化准军事力量，边境团场是履行戍边职能的重要力量。兵团边境团场建立了"团场包面、连队包片、民兵包点"双承包责任制，生产与守边并重。与当地驻军、武警和地方民兵形成四位一体的联防机制，共同守护边疆的安全，同时也是维持新疆与少数民族团结稳定的重要力量。

"维稳戍边型"团场包括 58 个边境团场、36 个少数民族聚居团场。由于地理位置、气候环境、光热资源、水文资源的差异，维稳戍边型团场的土地利用类型结构也有显著差异，农业资源有限性也呈现相对不足与绝对不足的典型特征。根据地理特征的不同，结合地理区间的时空差异，"维稳戍边型"团场又可分为两类：第一类，北疆第四师、第九师与第十师所属的边境团场或口岸团场；第二类，南疆第三师、第十四师所属的贫困团场或边境团场。"维稳戍边型"团场总人口 63.7 万人，占兵团人口的 1/4，而生产总值占 15.6%，人均生产总值 9302元，是兵团生产总值的 63%。58 个边境团场大多于 1962 年"伊塔事件"后成立，按照中央的指示，沿着边境线组建，占到新疆边境线的 1/3 多一些。它们为反分裂、维护新疆稳定发挥了积极作用。

第一节　三类维稳戍边型团场基本条件

一、自然条件

地理条件：远离内地，交通不便。此类地区多位于丝绸之路经济带的中心线核心区，包括国家级口岸 29 个；南疆铁路、第二条亚欧大陆桥贯穿南北疆兵团各农牧团场，铁路、公路、航空等交通运输条件不断改善，使新疆成为连接中国东部、中部经济发达地区与中亚、南亚、西亚、北非和欧洲的纽带及商品中转基地，对于开拓海外市场，推动兵团农业"走出去"具有得天独厚的区位优势。

气候条件：气候干旱、降水少、寒冷天气多，典型的温带大陆性气候，日照时间长，气温日、年差较大，干燥少雨，夏天的季节性冰雪融水可补充灌溉水源的不足，全年无霜期长。"维稳戍边型"团场中，第九师165团位于新疆塔城额敏县，是"伊塔事件"后新建的边境团场，致力于发挥边境团场在维稳戍边中的重要作用。165团总面积117.2万亩，其中耕地面积5.9万亩、林地面积77.1万亩、草场面积38万亩。165团是典型的山区气候，春季冷暖交替、夏季炎热短暂、秋季降温迅速、冬季漫长寒冷，年温差大，年均气温仅5.5℃，无霜期仅60~115天；165团降水量远远小于蒸发量，年均日照时数2640小时、年均降水量350毫米、年均蒸发量1718毫米。

二、人文环境

兵团地处新疆，与哈萨克斯坦等周边国家和地区在文化、民族习性等方面具有天然的相似性、关联性。相同的风俗习惯和长久相处形成的彼此和谐包容的氛围，使得兵团农业在"走出去"的过程中更容易得到当地居民的认可，能够更好地融入当地社会，减少摩擦和纠纷。独具地域特色的人文环境是一种独一无二的"软实力"，让兵团农业"走出去"之路更加顺畅。

三、口岸经济基础条件

为加强国内外经济贸易、繁荣对外口岸经济活力，兵团不断强化口岸基础设施建设投入力度，不断完善口岸经济基础条件。截至2016年，兵团所属企业在边境口岸建设海关监管库14个，新建或改造室内仓储设施达12.5万平方米，保鲜库容达到15万吨、室外堆场容量达到37万吨，物流车辆停放面积达15万平方米，年货物吞吐能力超过130万吨，为口岸经济发展奠定了积极的基础。

第二节 兵团农业进出口发展现状

20世纪50年代，兵团从国外引进长绒棉并进行大面积推广种植，兵团农业才慢慢开始在"走出去"方面做初步尝试。1984 年,国家正式授予兵团外贸经营权。1988 年,新疆提出"东进西出、双向发展"的对外开放经济决策。这一时期,"走出去"还比较原始,主要以农产品输出为主,发展速度较为缓慢。2006 年,国家加大力度实施农业"走出去"战略,兵团农业"走出去"发展速度加快,由过去的单一农产品输出转向农产品输出与对外投资相结合。"十一五"期间,兵团批准对外项目 148 个,共投资 2749.3 万美元,投资领域涉及农业开发、食品加工、畜产品加工等行业。比较具有代表性的有新天古巴水稻试验农场、新天墨西哥农业综合开发项目、海外收购普罗旺斯番茄制品公司等。

"十二五"期间,兵团加快农业"走出去"步伐。在保证农产品输出稳定的基础上,加大农业对外投资力度,2015 年兵团农业海外投资总额达 7160 万美元。随着兵团"走出去"发展的不断推进,形成了五家渠中基番茄制品有限公司等一大批自产品企业,在一定程度上优化与改善了兵团农产品的输出结构;兵团"走出去"不仅是农产品对外输出,也涉及节水灌溉等农业技术。新疆天业集团将其农业节水灌溉技术成功推广至哈萨克斯坦、蒙古国等国,技术推广示范面积达 9130 公顷,是中国农业先进集成技术对外推广的成功案例。

第五师果蔬、第六师番茄制品、第八师纺织纱线、第九师果蔬等被评为国家外贸转型升级示范基础。第十师采取了 PPP 模式,启动 186 团口岸外贸综合服务功能区建设,塔城永利、伊犁恒信、九鼎集团等已在哈萨克斯坦、俄罗斯设立了 20 多个果蔬销售网点。农产品输出、劳务输出取得了一定发展,见表 8 - 1。

表 8 - 1 2011～2015 年兵团主要农产品出口额情况　　单位:万美元

年份 种类	2011	2012	2013	2014	2015	平均增长率
番茄制品	20600	19000	20100	15968	17485	—
鲜、干、坚果	2213	2960	14300	3842	3883	—
蔬菜	657	457	549	3661	2405	—
出口总额	39700	45770	39460	28559	31246	—

资料来源:2011～2015 年《兵团统计年鉴》。

第三节　兵团口岸边境团场发展现状

一、边境团场人口民族分布情况

边境团场主要分为农业连队和牧业连队。农业连队人口分布比较密集，90%为汉族，10%左右为维吾尔族、哈萨克族、回族和蒙古族等。分布在边境线上的连队均为牧业连队，其民族构成是95%以上的为少数民族。且连队跨越边境线较长，人口分布较分散。

二、经济发展情况

边境团场以农业和牧业为主，第二、第三产业比重低，发展水平偏低，与平均水平相比差距很大。如第五师边境团场经济发展与平均水平差距如表8-2所示。

表8-2　2015年五师各边境团场第一、第二、第三产业的基本情况

单位：亿元，%

		全五师	五师	81团	84团	86团	87团	88团	89团	90团
总值	总计	1499.89	51.69	4.77	3.08	6.18	1.34	1.26	6.10	5.20
	比上年增减值	18.1	15.5	17.3	22.9	21.9	22.0	19.7	15.3	23.7
第一产业	总值	435.48	19.46	3.17	1.23	3.26	0.73	0.53	3.22	3.02
	比重	29.0	37.6	66.6	40.1	52.7	54.6	41.9	52.8	58.1
	比上年增减值	8.0	3.0	8.8	18.2	9.7	23.8	3.0	-2.8	4.5
第二产业	总值	626.41	18.13	0.88	1.32	2.01	0.25	0.32	2.01	1.37
	比重	41.8	35.1	18.4	42.8	32.6	18.4	25.7	33	26.3
	比上年增减值	26.4	40.2	53.8	34.4	57.1	59.0	51.9	70.8	103.0
第三产业	总值	438.00	14.10	0.72	0.53	0.91	0.36	0.41	0.87	0.81
	比重	29.2	27.3	15.1	17.1	14.7	27	32.4	14.2	15.6
	比上年增减值	16.8	10.0	24.6	8.4	11.9	1.8	24.5	9.8	20.9

第四节 维稳戍边型团场发展的制约因素

一、自然环境局限及资源性约束

维稳戍边型团场是以维持国家领土安全、巩固边防安全为首要目标而成立的处于边境地区的团场；维稳戍边型团场多处于新疆偏远边境地区，生态环境恶劣、气候条件较差、自然灾害频发，常受大风、冰雹、霜冻、干旱、沙尘暴等恶劣自然灾害影响。恶劣的自然环境使得边境团场农业生产经营面对诸多自然风险，使得农业经济发展较为薄弱；同时，与腹心团场相比，边境团场普遍存在市场、交通、通信、人才、资金等方面严重匮乏等问题，使得社会经济发展整体步伐较慢，团场自我发展能力低下，团场可持续发展能力不足。

二、受土地和水资源条件限制，边境团场职工从土地上获得的收益非常有限

在自然资源的硬性约束下，边境团场普遍存在农田基础设施建设滞后问题，农田生态系统抵御自然风险能力差，致使职工收入风险较为突出。主要表现为：一是灌溉系统网络不太完善，难以覆盖全部农田，使得农田生态系统的抗旱灾能力弱化；二是农田林网生态工程等生态性基础设施建设滞后，致使农田生态系统的防沙、防霜能力不足。同时，自然灾害频繁，职工因灾返贫现象也很突出。

三、产业结构不合理，农业产业化程度不高，农牧职工增收空间有限

从当前来看，边境团场社会经济以农业为主。第一产业成为区域社会经济发展的主要动力；第二产业基础设施较为薄弱、第二产业项目选择较为单一、第二产业发展活力较为弱化，对团场社会经济发展的支撑能力与拉动作用明显不足；第三产业发展进程较慢，发展活力明显弱化。更为严峻的是，由于团场经济发展滞后，外部投资鲜有进入，加之团场财政收入不足，难以根据区域经济资源进行特色化产业项目的规模化发展，致使部分优势自然资源难以转化产业优势，难以转化为经济优势。

四、教育、医疗等社会事业的发展不能完全适应职工群众的需求

五师一线边境团场基本都在四类、五类地区，气候条件异常恶劣，高寒、高紫外线辐射、高气压等自然现象导致边境团场的职工地方病非常普遍，加之远离市场和城市，人口居住分散，地处偏远、交通不便、医疗条件差。由于边境团场自身发展能力欠缺，同时国家投资力度又不够，导致边境团场基础设施建设薄弱，公共服务水平低，公共产品分配不平衡。从当前来看，各边境团场医院人均床位数达到国家平均水平及以上，但医院床位利用率不高；这主要是由于团场医院基础设施较为落后，团场医技人员队伍整体素质较差，致使团场职工不愿在团场医院看病。

五、职工素质偏低

职工普遍缺乏适应市场化的技能和本领，制约着增收速度和幅度。由于边境团场地处偏远地区，自然环境恶劣、生态环境脆弱，加上产业结构不合理、外部投资不足、社会经济发展滞后，使得边境团场人才引进困难、流失严重，陷入了人才引进困难与人才流失严重的双重困境。长期以来，兵团流失了一大批懂生产、懂经营、懂管理、懂市场的实用型人才，从而严重地影响了团场创新能力、农业科技推广能力、农业科技应用能力等。因此，边境团场职工队伍的年龄结构、技术结构、梯队结构不合理，使得职工队伍整体素质较差，严重制约了边境团场的健康、有序、可持续发展。

第五节　维稳戍边型团场的农业发展路径

边境团场的建设要以加强政策沟通、道路联通、贸易畅通、货币流通和民心相通为重点，依托口岸优势，有效参与和共同建设新疆"丝绸之路经济带"建设核心区，坚持从实际出发，实事求是而又积极稳妥地推进边境团场建设，提升在"丝绸之路经济带"战略中的地位和开放水平。维稳戍边型团场的农业资源禀赋较弱、现代农业发展基础不足、农业发展潜能激发困难，团场应立足社会经济发展的客观现实，坚决落实维护社会稳定的职能定位，始终坚持维稳戍边与经济发展相互促进、相辅相成、相互支撑。维稳戍边型团场应坚持维稳戍边与经济

发展双重职能，通过经济发展为边境团场维稳戍边奠定坚实的物质基础，以社会经济快速发展促进团场职工收入持续提升、团场社会保障能力不断优化、团场社会服务水平不断完善、团场职工队伍持续稳定，确保团场职工群众安心守边、安居乐业。同时，边境团场维稳戍边工作又将为团场社会经济发展提供稳定的社会环境。因此，边境团场维稳戍边与经济发展是相互促进的统一体，而不是相互对立的两面体；维稳戍边工作与社会经济发展应融合于边境团场规划建设、人才培养、组织统筹的各个方面，确保维稳戍边与经济发展同步发力、共同强化、协同提升。

一、体现"维稳戍边"功能，强化团场管理制度"统"的方面

"统""分"结合的双层管理体制是兵团维稳戍边职能发挥的根本制度设计。边境团场坚持"统"，即坚持统一体制机制、统一行政管理、统一政策制定与执行、统一组织协调、统一控制节制，确保边境团场国防动员的完善性、维稳戍边的组织力、应对突发事件的威慑力等。连队是兵团一级基层政权组织，是党政军企合一的特殊组织形态。在调研时，边境连队职能普遍认为短期内不适宜撤销连队，因为在团场集中居住可能在一定程度上弱化其维稳戍边的基本职能。因此，边境团场应坚持连队的基层组织地位与基础作用，强化边境连队管理，凸显边境连队的准军事化特征，切实增强连队的维稳戍边职能、有序提升边境连队职工"兵"的意识与能力。但由于边境团场多分布在资源禀赋贫乏、经济基础薄弱、生态环境脆弱、自然灾害频发、生产条件较差的偏远地区，交通严重不便、产业结构极不合理、职工增收路径单一、职工可持续生计能力不足；且普遍存在生产成本高、生活成本高、出行成本高、家庭收入低等"三高一低"的困境，边境团场社会经济发展进程缓慢、职工群众增收致富可持续能力不足，甚至多数边境团场仅依赖于财政拨款补贴才能维持基本运行。更为严峻的是，由于边境团场的特殊性，职工队伍更新较慢、职工队伍结构化矛盾突出、职工流失问题较为突出、团场职工老龄化问题普遍，这在一定程度上动摇了边境团场屯垦成边的基本职能。因此，为强化兵团维稳戍边能力，应全面深化兵团团场管理体制机制改革，通过产业结构优化、人才引进政策调整、吸引外部投资等稳步增强边境团场的经济基础与人才基础，为维稳戍边奠定坚持保障。

（一）行政管理体制

与核心团场相比，边境贫困团场成立建制镇的条件不够成熟，但边境贫困团场也可以通过采取团场内部模拟政府职能、延伸政府职能（在已经建市辖区

内）、飞地镇或兵地共建等形式完善团场政府职能，此外，由于边境团场守卫我国西北长达2019千米的边境线，团场的连队十分分散，连队距离团部远，同时连队不能同核心团场连队一样，将连队撤销或者合并，本书认为应该加强边境团场（尤其是一线团场）和少数民族聚居团场连队的职能，探索恢复连队的独立核算职能，以及经济职能和社会职能，创建新型连队，连队作为最基层单位成为戍边的坚实堡垒。

（二）经济管理体制

与核心团场相比，边境贫困团场更加侧重于社会管理和戍边职能，团场根据自身发展状况建立专业化公司，如四师73团成立绿丰农业经营有限责任公司和金岗国有资产投资有限责任公司，如果不具备组建公司团场的条件，可以建立专业合作社、家庭农场等新型农业经营主体，也可以适度发展农产品深加工业、旅游业或新能源发展团场经济。从外部层面，国家或兵团层面支持央企或国企以维稳的政治使命建立劳动密集型企业，这样通过"自我发展＋外部推动"的合力，改善职工群众的收入水平、居住环境等，吸纳年轻职工，解决边境团场职工队伍的年轻化、知识化、专业化问题，很好地解决了基层职工队伍的稳定问题，只有这样，边境团场戍边能力建设才能得到提高、才能逐步开始实现从"屯垦戍边"向"建城戍边"质的转变和飞跃。

（三）社会管理体制

与核心团场相比，边境贫困团场社会管理的重点是社会稳定，社会稳定只是社会管理的一项重要内容，但是在边境贫困团场应该放在更加突出的位置。

一是加强基层党团组织建设，强化基层职工队伍政治素质、文化素质、科技素质的培训，使之真正提高、达标。

二是加强连队基础设施建设，完善连队职能，多种形式发展连队经济。

三是强化干部队伍建设。要真正建设好干部能上能下的体制机制，管好入口，疏通出口。要提高素质、强化管理、突出责任。

四是突出"军"的属性，形成以"团场＋连队"专职民兵大队为骨干力量，在团场层面建立专职民兵应急大队，在连队设立专职应急分队，以连队小组为单元的联控维稳体系，如图8-1所示。

尤其是边境一线团场的连队设置是根据战略需要进行的必要布点，各个连队之间距离较远，集中程度低，集中管理后，生产季节职工生活在作业区（点），农闲季节生活在社区，一方面大大削弱了戍边职能，另一方面给职工的生产生活增加了成本。因此，本书认为，社会管理也要有差别化政策，不能搞撤兵连队

"一刀切",而是要完善连队管理职能,加大对边境团场的支持力度,聚集人口,提升屯垦戍边能力。

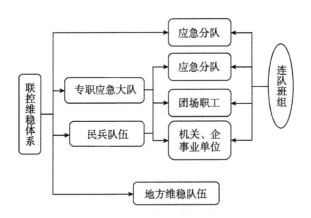

图8-1 边境贫困团场联控维稳框架

二、团场经营方式为以连队为经营单位的"一连一品"经营模式

在稳定和完善团场基本经营制度的基础上,成立团场职工经济合作组织和农产品行业协会。坚持维稳戍边地位始终不动摇的同时,积极投身农业及相关产业的发展与建设。在微观的具体经营层面,即企业和团场在保证统一的行政节制、实现政治功能的前提下,也可以按市场经济的要求实施"分",即连队独立分散决策、分权经营、自主创新、公司化运作。按照周边国家对特殊农产品市场的需要,组织生产经营,为达到规模收益,以连队作为经营主体,实现"一连一品",统一组织生产经营。同时,加快农业大户、家庭农场、农业龙头企业、农工专业合作社等新型农业经营主体培育。

一是通过外部引进、内部培育与扶持等措施,加快兵团农业龙头企业发展,并建立"农业龙头企业 + 连队 + 职工"、"农业龙头企业 + 合作社 + 职工"的发展模式,全面强化农业龙头企业的技术推广应用辐射作用、农业科技引领作用、农业生产示范作用等,推动农业龙头企业与职工群众的纵向联合。

二是鼓励职工群众自发组建各种类型的农工专业合作社,形成涉及农业生产、产品销售、技术服务、农资支持等多元化的利益合作共同体,有效提升职工群众抵御市场风险的能力。

三是加快探索农业公司化经营。随着市场规模的日趋扩大、农业生产分工的不断强化、农业生产专业化的不断增强，团场可探索组建各类农业生产经营公司，不断细分农业生产环节，不断提升经营服务质量与服务效率。

三、农业生产方式由规模化大宗产品转向个性化定制化的设施农业发展

除了充分利用各种农产品交易会、博览会等国内大型农业经贸活动平台，要加强与周边国家的边境贸易，有条件地开放边境贸易市场，发展外向农业订单，按订单组织生产，满足市场需要。由生产规模化大宗产品供给剩余转而生产市场需求个性化定制产品。

四、提高对外开放水平，变地缘优势为经济优势

边境团场应不断增强对外开放水平，充分发挥边境地区的地缘优势，积极拓展边境地区的市场空间，促进边境团场充分利用国内国外两种资源、充分面向国内外两个市场，有效增强边境团场的社会经济发展活力。

（1）为提升对外开放能力，兵团应继续选择交通运输条件好、地理区位适宜、与周边国家联系密切、有一定发展基础的区域设立边境出口加工区。制定并出台一系列优惠政策，吸引各类投资者在边境出口加工区兴办工厂，生产面向中亚市场的适销对路产品。

（2）积极依托边境口岸，深入实施"走出去"，加快在中亚各国兴建保税仓库，不断降低对外贸易风险；也可扶持边境团场企业到中亚主要销售市场投资兴办企业，设立海外销售市场网络，充分利用国外产业资源进行加工贸易。

（3）通过成立劳务派遣公司，与国外建立劳务供求关系；强化劳务输出基础管理工作，使劳务输出工作规范化运作，不断增加职工的工资性收入。

（4）大力发展边境旅游业，通过旅游业的发展刺激消费，带动当地经济繁荣。可充分利用边境团场独特的自然环境、文化环境等旅游资源，培育并打造精品旅游线路、整合精品旅游资源，形成具有边境团场特色的独特的旅游市场，不断提升边境团场的旅游服务质量。

五、提高职工就业和创业能力

鼓励职工自主创业，发展特色加工业，民族特色手工业，增加营业性收入。针对市场需求，组织职工进行各种增收技能培训，做到市场需求什么，就培训什么，走以培训促输出、以培训进市场的路子。要注重职工的创业精神和创业品质的培养，要克服传统思维方式和习惯性生产方式，通过职工中成长起来的个体经

商"老板"和创业致富"能人"的典型示范作用，来促进职工自我意识的觉醒，提高自身的致富本领，形成户户思致富、人人想增收的大发展氛围。

六、搭建兵团外向型农业发展统一平台

2013 年，"一带一路"倡议的提出，给兵团农业发展提供了巨大的契机。兵团农业在稳固和开拓国内市场的同时，应积极拓展周边国家及世界市场，充分利用国内、国外"两个市场、两种资源"，加大力度全面推动兵团农业"走出去"。2015 年底，兵团组建中新建国际农业合作有限公司作为兵团农业"走出去"的统一平台。

（一）坚持加强协调指导，注重顶层设计

"走出去"是兵团基于国家发展规划与兵团经济发展现状来制定的系统性发展倡议。"走出去"应不断强化顶层设计，不断优化实施方案，不断完善配套制度，并提供政策、财政资金、技术、专业配套服务等的支持。这一部分兵团已经开始在做，但还需在先进农业技术研发、进出口平台建设方面做进一步坚持和完善。

（二）提高农产品贮藏及深加工能力

2012～2015 年，国家财政安排专项资金用于扶持兵团专业合作社建设果蔬烘干房、果蔬贮藏库与马铃薯贮藏窖等基础设施，新增马铃薯贮藏能力 146 万吨、果蔬贮藏能力 160 万吨、果蔬烘干能力 110 万吨。近年来，随着兵团农业产业结构的不断完善，农业生产经营水平不断提升，农业规模化、机械化与专业化水平不断增强，使得当前农产品贮藏设施难以满足兵团现代农业发展的基本需要。为提升农产品技术增值能力，兵团持续加大对农产品深加工产业的支持力度，并组织科研院所对农产品流通降损、农产品质量安全、农产品冷链物流等重大关键集成技术进行联合攻关与重点研发，为农产品精深加工提升技术支撑，逐步转变兵团出口农产品低附加值的现状，不断提升兵团农产品在中亚等国家的市场份额与市场竞争力。

（三）加快建设境外营销网络

从当前来看，国际市场需求不足是困扰兵团农产品外贸出口面临的最大障碍，也是兵团农产品"走出去"面临的最大难题。边境团场应充分依托其地缘优势，在境外直接设立农产品营销网点、分销市场等境外营销网络，使兵团农产品销售由单一外向销售转向"当地化销售"，不断提升兵团特色农产品在国际市场上的认知度与美誉度，不断增强兵团特色农产品的国际市场份额。同时，境外营销网络在运行中，将为兵团现代农业发展获取第一手市场信息，使农牧团场、农产品深加工企业等实时调整生产规划与营销策略，并持续加强同境外企业的合作与联系，推动兵团农业"走出去"的转型升级。农产品境外营销网络应注重将兵团特色农产品的销售与当地独特的购买需求相结合，例如，哈萨克斯坦由于历史及民族原因，比较喜欢色泽艳丽、口感甜脆、易于生食的蔬菜。另外，哈萨克斯坦本土蔬菜上市时间为每年的6~10月，由于国内缺乏蔬菜栽培设施，其他时间基本依靠进口，市场需求量大且反季节蔬菜价格很高；俄罗斯由于蔬菜种植技术相对落后，加上气候严寒，大部分地区的蔬菜种植不足以满足需求，需要高价进口蔬菜，为兵团农业"走出去"提供了很好的潜在市场。依托电子商务的优势，线上可与淘宝网、天猫、京东等成熟的网上交易平台合作，以特色产业带的方式，由专业的电子商务人员对兵团特色农产品进行面向国内、国外的全网式推广销售，通过规范的"海外仓"、体验店和配送网店、品牌店等模式，融入境外零售体系，获取对兵团农业发展、农业转型具有指导意义和参考意义的大数据，打破以往农业盲目生产的传统模式，引导兵团农业"走出去"以市场为导向调整生产结构，推动兵团农业产业走加工、深加工的集约化产业模式，实现兵团经济与全球经济零距离接轨，带动兵团经济发展；线下打破兵团各师传统地域位置分散的僵局，逐步建立健全一站式特色农产品展示推广中心，会聚兵团各农牧团场的特色农产品力图实现"一团一馆"，为客户提供农产品的详细信息、提供品尝体验，并可通过定制式下单有效降低农产品销售市场风险。

第九章　兵团现代农业经营方式转变的保障措施

第一节　兵团团场市场化改革

目前，中国经济增速放缓，市场在经济发展中所发挥的资源配置作用不断增强，尊重市场规律，处理好政府调控与市场调控的关系，是兵团现代农业经营方式转变的关键。

一、深化行政体制改革，简政放权

政府是"看得见的手"，市场是"看不见的手"，两只手构成资源配置的两种基本手段。众多研究表明，市场是资源配置最有效、最佳的形式。尽管市场也存在失灵领域，需要政府的宏观调控，但如果行政职能对市场干预过多，就会影响市场供需内在调节机制作用的充分发挥，降低资源配置效率，往往导致"资源错配""资源浪费"效率低下、事倍功半。不断完善现代市场经济体制，清晰明确兵团政府行政职能和行政作用边界，分清兵团政府和市场各自发挥的作用，尽可能减少兵团政府对微观经济主体生产经营活动的干预。相信市场的力量，凡是市场有能力做好的事情就交给市场去做。深化兵团政府行政体制改革，解决兵团行政职能"错位、越位、缺位"的问题，积极推进全能型政府、管制型政府，向有限性政府、服务型政府、法治政府转变。

推进机构改革。按照"大部制"方向，精简冗余行政机构和行政职能，推进兵师两级机关机构改革，同步推进团场机关机构改革与团场改革。结合政府行政职能转变，建立兵、师、团三级权责清单制度，规范政府行政裁量权，明确各级职权责任主体、明晰权力运行流程。重点加强兵团政府对经济主体的引导、管控职能，健全宏观调整手段及工具，明晰各类产权，加强产权管理，优化三次产业政策，充分发挥投融资杠杆作用。加强兵师两级行政服务中心制度建设，规范运作流程，强化监督管理。

不断推进简政放权。按照市场主导、精简下放、简化优化、积极稳妥、加强监管的原则，进一步规范投资项目审批、生产经营项目审批、资质资格许可认定、各项工作考核评估、达标表彰等事项，最大限度降低对微观事务运行的干预、干涉。市场机制能有效调节的经济活动，应取消多余的行政审批；未通过的行政审批事项，任何部门不得擅自公布、实施。建立、落实行政审批事项目录制度，实现行政审批事项目录动态管理，提高政府行政职能透明化、可监督化，维护公民的知情权。

二、取消大宗农产品定价机制，实现农产品价格市场化

团场应该逐步取消对棉花、红枣等大宗农产品的收购定价机制，相信市场，充分发挥市场对生产要素价格、农产品价格形成的主导作用。生产要素价格、农产品价格是市场供求关系的体现，也充分表达出市场主体的利益诉求。特别是农产品价格需要从绝对行政决定机制转变为以市场决定为主、政府调节为辅的多因素决定机制，最终建立反映市场供求关系、资源稀缺程度的生产要素、产品价格形成机制。要自上而下、自下而上地加快建设贯通全兵团、全疆乃至全国范围内的资源配置能力的市场联结机制。兵团政府加强顶层设计，在制度、政策、措施等配套体系方面发挥该有的作用，破除抑制市场竞争活力的垄断，同时加强对市场运行的监管，查处各类违规、违法行为，重点提高对市场风险的抵御能力，为市场充分发挥资源配置、市场决定要素和产品价格功能创造良好的环境。

三、打破行政区划限制，推动生产要素自由流动

建设统一开放、竞争有序的现代市场体系，需要做好兵团与国外市场、兵团与国内市场、兵团与地方市场及兵团内部市场四个维度的全方位互通开放，特别是在兵团内部各区域、各师、各企业之间建立通达开放的市场经济体系，通过各种措施加快、促进生产要素的流动，消除兵团区域内外合作的各种阻碍，打破区域封锁的格局，增加市场的通达性，打破地域行政藩篱和地方保护，逐步减少甚至消除不合理的行政干预和区域内的市场壁垒，增加资本、劳动力、土地乃至企业家才能等生产要素流动的便利性，使资金、人才、技术、信息、物力等实现低成本、高效率、无障碍自由流动互通。兵团要有决心、有勇气打破师团之间界

限、兵地之间界限，以共赢为目标，积极扩大合作交流范围，联动国内外市场多维生产要素，注重实现兵地融合、兵地交流，实现经济发展所需各类资源的优化配置，营造统一开放、竞争有序的市场环境，激励师团、企业采取灵活多样的形式，实现商品和生产要素在团场、师、兵团、新疆乃至国内外的自由流动，做好对内对外双向开放，推动对内对外两个市场的结合。

四、实行负面清单的市场准入制度

市场准入（Market Access）是指某个国家或地区允许国外、地区外的资本、劳务、货物参与本国、本地区市场的程度。扩大市场准入，本质是放松行业准入限制的过程，是双方在对等互惠基础上，实现各方权利、义务平衡的过程，是打破区域垄断、行业垄断的过程。兵团要进一步健全市场经济体制、完善政策体系，改善市场环境，进一步放宽市场准入管制。有效的措施之一便是制定"负面清单"，负面清单管理方式是指政府规定哪些行业、领域不能对外开放，除了清单上的"禁区"，其他行业、领域的经济活动都是被准许的。企业不能投资的领域、产业进入"黑名单"，逐一列明准许投资的领域和准入项目的各种资质条件，使各类市场主体清晰可进入的产业、领域，依法平等展开竞争。"负面清单制度"实则将"潜规则"变为"明规则"，维护市场公平、公正、开放、透明的原则，有利于区域内外企业的合作交流、激发市场活力、促进有序竞争。实施经济活动的"负面清单"市场准入制度，还需构建与之相匹配的配套制度，加强贸易的事中、事后监管，营造公平的市场准入环境。

第二节　深化团场经营产权改革

创新产权制度，完善产权关系，塑造产权机制，始终都是建立和完善团场市场经济体制的核心问题。改革深处是产权，通过所有权及派生的占有权、使用权、处置权和收益权的权能分解，为不同维度产权主体创造的利益谋求空间，充分调动产权所有者、经营者、生产者的积极性。其中，加强土地产权改革是团场深化基本经营制度改革的重要内容之一。要认真落实最严格耕地保护制度和集约用地制度，严禁团场之外的经营主体开垦或收复弃耕地。完善土地承包制度，加快土地流转，扩大经营规模。加强团场农用生产资料的产权改革力度，鼓励兵团职工承包经营农机、条田四周林带、牲畜棚圈、小型水利设施等，允许职工以股份合作制形式经营。

一、解放思想，消除对产权改革误解

解放思想的核心是破除陈规，要解决不适应当代经济发展要求的陈腐僵化观念、体制机制和妨碍兵团各项事业发展的梗阻。团场经营机制改革涉及产权改革、行政管理体制、分配制度等一系列改革，如果不解放思想，按照原有路径依赖办事，就无法搞活团场经营机制，也无法有效解决兵团体制与市场机制接轨的问题。因此，应把创新团场经营机制作为解放思想的落脚点，认真梳理、着力解决在创新团场经营机制中的团场科学定位，政资、政企分离，国有资产保值增值等一系列问题，通过解放思想，改变路径依赖，创新团场经营机制。

二、加强兵团国有资产监管

（一）创建新型国有资产管理体制

国有资产监管的目标是通过优化国有资产结构（谭玉霞，2015），实现国有资产的保值和增值（赵志华，2009；王海云，2010）。兵团国资监管委的成立改变了过去兵团多头、分散的管理局面，现由兵团、师级两层国资监管机构代表履行出资人职责（刘嫦，2014），有序推进国资监管工作。团场委托国有资产运营公司承担国有资产保值增值职责，以产权代表行使股东权利，实现从"管资产"向"管资本"转变。通过出台一系列规章制度，如国资委监管企业重大事项报告制度、投资管理办法、担保管理办法、资产流失查处办法、内部审计办法等，建立了契合兵团实况的国资监管体制。同时，实行"政资分离、政企分开"，以产权为纽带，重视运用经济、法律等手段，规范企业经营与管理，保障企业成长为以市场为导向、自主经营、自主发展、自主约束的法人主体和竞争主体。师国资委对团场国有资产运营公司进行业务指导。兵团国有资产运营公司是国有独资投资企业，不是实体企业；以股东身份存在，不参与参股企业具体的生产经营活动，切实维护企业的市场主体地位。国有资产运营公司内部设置决策机构和监督机构，实现所有权、经营权和监督权三权分立制衡，实施企业经理人年度考核和年薪制度，确保国有资产经营责任稳妥落实到企业负责人身上，达到高效"管人、管事、管资产"的目的，如图9-1所示。

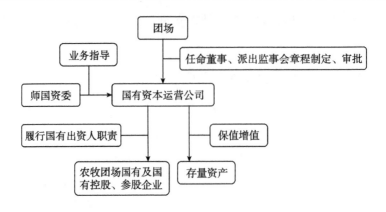

图 9 - 1　兵团国有资产管理体制

（二）不断完善团场国资监管制度

兵团国资监管制度改革取得了一些成绩，但在保持国有资产主导作用，维护国资利益的同时也存在不可忽视的问题，需要各团场结合自身情况，在经营业绩考核、资本收益收缴、有效财务监督、强化风险控制、薪酬补贴激励、经营不善责任追究等方面不断完善制度体系，指导团场国资监管工作的顺利开展。

完善国有产权代表委派制。国有产权代表是国有出资人派遣到所出资企业治理结构中行使产权职能的代表。因此，团场及国有资本运营公司在规范、完善产权代表委派制度时，应把握好以下几个原则：

一是产权代表由出资人派出，直接对出资人负责，行使出资人权利，配合控股方做好企业的生产和经营决策。

二是产权代表的运转和管理由出资人负责，不得由企业承担任何费用，产权代表与企业之间不发生经济关系。

三是实行轮换制度，每位产权代表任期三年，到期更换任职企业，以避免企业经营差异过大、产权代表收益不均衡等行为的发生。

四是追究没有尽职造成国有资产严重损失的产权代表的责任。产权代表的外派性从制度上切断了产权代表和企业经营者在经济利益和人事管理方面的联系，保证了产权代表要对出资人负责，尽职尽责地履行职责，防止与企业建立内幕关系，从而使产权代表更好地发挥监督作用。

落实重大事项报告制度。一是团场国有资本运营公司派出股东代表参加出资企业股东大会，就各项议案发表表决意见，事先须经国有资本运营公司内部程序审定；二是国有资本运营公司对出资企业的经营战略、改制重组、重大投融资项目、对外出资项目、担保项目、产权转让项目以及其他重大事项要按规定程序报告。

严格财务监督、加强风险控制。规范企业财务预决算流程和过程管理，逐步实现财务信息公开化，提高财务信息的透明度，发挥公众对财务的监督权。建立健全企业内部控制机制，提升重大事项监管力度，对投资决策失误和资产损失的责任实行追究制度。加强出资企业的财务动态监测和分析工作，加强资产管理，树立风险意识，建立风险预警系统，跟踪资本运营过程，阶段性审核分析财务报表，及时识别潜在财务风险，做好事前和事中控制，将损失降到最小。

公平公正考核团场国有企业经营业绩。国企兼具公益性和营利性特点，这就决定了国企绩效考核不同于一般企业。

一是结合团场实际，制定国有企业经营业绩考核办法，建立考核的长效激励机制，引导团场国有企业实现持续健康发展。如考核前，召开动员大会，确保企业员工了解考核方案，保证考核方案是员工可接受的、具有有效的激励效果。

二是规范绩效考核流程。结合国有企业相关考核指标的上年完成情况，科学、合理地制定本年度考核目标，并签订目标责任书，激励各部门提高工作效率，年终按照考核结果兑现奖惩办法，实现绩效考核规范化、制度化。

三是建立重大责任追究制度。国有企业主要负责人决策权责相统一，在企业经营过程中因不合理决策造成重大经济损失的，应承担决策失误责任。这一制度将增进团场国有企业主要负责人提高经营决策的科学性、民主性，确保国有企业向正确的方向发展。

第三节　完善团场分配制度

创新团场经营机制后，团场的分配制度也将随团场管理体制和产权制度的完善而发生改变，因此应着力完善团场收益分配制度和个人收入分配制度。

国资公司代理团场经营国有资产，团场具有资本收益权。要合理分配资本收益，团场可按定额进行利润分红，也可按比例提取留存收益。发展初期，为实现国资公司做大做强，原则上不能全额提空资本收益，确保国资公司拥有进一步发展的后备资金。对团场公司的经营收益，可按比例提取，或采取定额收取方式；

剩余利润作为公司拓宽业务、持续发展的累积资金，也可按比例提取用于员工绩效奖励。实际情况中，团场的不少资产属于实物型资产，需要聘请专业第三方评估机构对团场的圈舍、厂房、机械设备、果园等进行资产评估，公证后计入资本金。

在个人收入分配上，针对不同身份，采取不同的分配制度。

一是股东（主要是权属公司）。按照出资额享受定额分红或按经营效益享受收益。

二是公司领导干部。对公司领导干部的考核由国资办会同有关部门对其进行考核测评，由国资办确定考核等级。公司领导干部的基薪与绩效工资，实行基薪封底，绩效工资按比例提取。

三是一般员工。由所在单位对其进行考核，原则上实行基薪＋绩效的薪酬制度。

第四节　完善团场财务制度

资金是团场的"血液"，有效的资金管理是团场管理的核心内容，也是支撑团场健康运营的基础和约束性条件。团场具有"社会发展"和"企业经营"的双重属性，团场的社会发展属性要求对公共事业经费单独立账，清晰核算，不得随意挪用，保障社会公共服务正常供给。团场的企业经营属性要求依照会计核算准则对经营性资产加强管理，充分参与市场竞争，自负盈亏，提高经营风险抵御能力。因此，应在团场"一总两分"财务管理体制的基础上，进一步明确责任，规范公共财政和企业财务管理，这是团场特殊体制与市场经济体制相结合的改革措施。

一是完善团场预算补助资金的管理。对实行"综合财力补助＋专项"的财务预算管理的团场，要争取国家在专项资金的支持上给予特殊政策减免团场的配套资金。

二是完善团场总预算和公共预算的管理。团场总预算要加大专项资金的整合使用和管理力度。兵师二级对团场专项资金的核拨要积极探索贴息、补助、奖励、投资、担保、购买服务等运作方式，特别是财政部已经先后推出的以奖代补、先建后补、以物代资等奖补方式。对团场机关实行定员定额管理，对其承担的公共支出逐步纳入财政保障范围；对履行社会公共服务职能的事业单位收支纳入兵师两级公共预算管理范围；对承担社会公共服务和生产经营管理双重职能的单位，根据情况编制公共事业收支和生产经营收支两套预算。

三是完善团场总预算和行政事业单位预算与团场企业财务预算"分账核算"的财务改革。全面推行团场行政事业单位体制改革并实施会计集中核算制度；完善团场会计委派、连队报账和集中核算的财务管理制度；加强对团场投资或控股独立核算的企业会计核算的指导和监督，确保国有资产保值增值。

四是严肃团场预算管理执行。建立以团场内部集中支付为龙头的预算执行体系，完善团场公共预算的会计核算与经营性预算的会计核算形式。

加大对农业的财政资金投入，适时适当地调整支农方式，优化财政支农结构，确保支农政策有效落实。

首先，在政府预算中，财政支农继续以"三农"为重点。充分发挥兵团农业行政部门的导向功能，结合贴息、减税措施，利用市场机制带动工商资本、信贷资本进入农业生产，拓展农业融资渠道。加强团场农业基础设施建设投入，兴修水利、建设高标准农田、修复田间村路；加大团场农业科技投入，加快农业科技体制机制创新，构建和完善现代农业产业技术体系，在农业生物育种、现代农业机械装备等方面加强研发与推广应用、重视农村人力资本培育开发。补充完善农村公共健身设施、文娱设施建设，丰富职工文化生活，打造美丽乡村。

其次，调整财政支农方式。发挥财政补贴对团场农业发展的杠杆撬动作用，设计、提供农业劳动力培训补贴、防灾减灾补贴、生态环保补贴等，提高补贴资金效益。综合利用投资补助、财政贴息等方式，助力农业发展、农民富裕。

最后，加强财政支农工作监管，提高支农资金效率。财政、国土、水利等部门要相互配合、整合各项支农资金，统筹分配使用，确保各项支农政策公平进行利益分配，避免出现过于偏重扶持涉农企业，而不保障农民利益。强化兵团对支农资金的监管，将财政、纪检部门、团场职工纳入监管主体的范围，建立财政预算监督、支农资金分配监督、支农资金使用效果监督的多维立体监管体系，建立信息共享机制，避免监督流于形式现象，尝试引入社会第三方独立机构、提高支农资金使用绩效。

第五节　创新兵团团场考评制度

"科学管理，分类考评"，对于不同的功能团场，依据考评的主要目的，指标的设置有所侧重。对于生态脆弱的团场侧重考核生态文明建设，争取国家支持，加大对其的生态补偿力度；对于少数民族团场及边境团场以维稳和扶贫为主，加大精准扶贫力度。侧重考核维稳、脱贫效果；对于核心团场侧重考核其经济发展能力。

参考文献

[1] ［美］阿瑟·刘易斯．二元经济论［M］．北京：北京经济学院出版社，1989.

[2] 罗其友．北方旱区农业资源可持续利用决策模型研究［J］．干旱地区农业研究，1999（1）：98-102.

[3] 唐华俊，罗其友．农产品产业带形成机制与建设战略［J］．中国农业资源与区划，2004（1）：2-7.

[4] 贾利．现阶段中国农业发展方式的选择与转变途径［J］．广州大学学报（社会科学版），2009，8（10）：45-49.

[5] 陈锡文．如何看待中央"三农"工作的新举措［J］．中国集体经济，2010（7）：7-9.

[6] 危朝安．明确目标　把握重点　切实推进农业发展方式转变［J］．农村工作通讯，2010（15）：4-6.

[7] 潘盛洲．转变农业发展方式要三管齐下［J］．农村工作通讯，2010（15）：2-3.

[8] 唐思航，韩晓琴．转变农业发展方式是发展现代农业的关键［J］．北京社会科学，2010（2）：76-81.

[9] 张召华，雷玲．陕西农业生产效率评价以及影响因素分析——基于DEA-Tobit两步法［J］．农机化研究，2011，33（5）：39-42.

[10] 刘祚祥．转变农业发展方式：国外理论与方法［J］．贵州社会科学，2012（8）：74-79.

[11] 韩俊．学习中央一号文件　开创农业农村工作新局面［J］．上海农村经济，2010（2）：8-9，11-13.

[12] 沈贵银．探索现代农业多元化规模经营制度——对十七届三中全会关于农村基本经营制度创新有关问题的思考［J］．农业经济问题，2009（5）：9-10.

[13] 孙景淼．加快农业发展方式转变的新思维 [N]．学习时报，2010 (10)：7 - 10.

[14] 韩长赋．毫不动摇地加快转变农业发展方式 [J]．求是，2010 (10)：29 - 32.

[15] 唐珂．合江县农业产业化经营的问题与对策研究 [D]．四川农业大学博士学位论文，2013.

[16] 张春舒．转变农业发展方式研究观点综述 [J]．经济纵横，2011 (3)：121 - 124.

[17] 任保平，钞小静．从数量型增长向质量型增长转变的政治经济学分析 [J]．经济学家，2012 (11)：46 - 51.

[18] 于恩顺，李红．黑龙江省两大平原现代农业经营主体发展研究 [J]．中国农业资源与区划，2015，36 (6)：46 - 52.

[19] 李国英．"互联网 +" 背景下我国现代农业产业链及商业模式解构 [J]．农村经济，2015 (9)：29 - 33.

[20] 陈红川．"互联网 +" 背景下现代农业发展路径研究 [J]．广东农业科学，2015，42 (16)：143 - 147.

[21] 覃泽林，李耀忠，秦媛媛，孔令孜，陆杰思，陈桥，陆少峰，韦志扬．"十三五" 广西现代农业面临的挑战与发展思路 [J]．南方农业学报，2015，46 (5)：943 - 950.

[22] 刘圣欢，杨砚池．现代农业与旅游业协同发展机制研究——以大理市银桥镇为例 [J]．华中师范大学学报 (人文社会科学版)，2015，54 (3)：44 - 52.

[23] 蒋和平，张成龙，刘学瑜．北京都市型现代农业发展水平的评价研究 [J]．农业现代化研究，2015，36 (3)：327 - 332.

[24] 谢杨．基于云计算的现代农业物联网监控系统 [D]．西南交通大学博士学位论文，2015.

[25] 杨萍，季明川，郝晋珉．以土地高效利用为核心的现代农业园区设计与实证分析 [J]．农业工程学报，2015，31 (9)：281 - 287.

[26] 刘熠．专项性现代农业园区规划设计研究 [D]．西北农林科技大学博士学位论文，2015.

[27] 王雅鹏，吕明，范俊楠，文清．我国现代农业科技创新体系构建：特征、现实困境与优化路径 [J]．农业现代化研究，2015，36 (2)：161 - 167.

［28］江晶，史亚军．北京都市型现代农业发展的现状、问题及对策［J］．农业现代化研究，2015，36（2）：168－173.

［29］李英禹．农林高校毕业生服务现代农业的驱动机制与对接措施研究［D］．东北林业大学博士学位论文，2015.

［30］藏波，吕萍，杨庆媛，王金满．基于现代农业发展的丘陵山区农用地整治分区与发展策略——以重庆市云阳县为例［J］．资源科学，2015，37（2）：272－279.

［31］张克俊，张泽梅．农业大省加快构建现代农业产业体系的研究［J］．华中农业大学学报（社会科学版），2015（2）：25－32.

［32］胡卫华．陕西现代农业多功能性开发思考［J］．农业现代化研究，2015，36（1）：19－22.

［33］陈萌山．加快体制机制创新　提升农业科技对现代农业发展的支撑能力［J］．农业经济问题，2014，35（10）：4－7.

［34］靳淑平．我国现代农业发展的演进分析［J］．中国农业资源与区划，2014，35（5）：95－100.

［35］王长明．吉林省现代农业发展的 SWOT 分析［D］．吉林大学博士学位论文，2014.

［36］张玉香．牢牢把握以品牌化助力现代农业的重要战略机遇期［J］．农业经济问题，2014，35（5）：4－7，110.

［37］李百克．吉林省现代农业园项目的规划及建设研究［D］．吉林大学博士学位论文，2014.

［38］杨洋．我国现代农业园区规划理论体系构建及应用研究［D］．西南财经大学博士学位论文，2014.

［39］王英姿．中国现代农业发展要重视舒尔茨模式［J］．农业经济问题，2014，35（2）：41－44.

［40］邓秀新．现代农业与农业发展［J］．华中农业大学学报（社会科学版），2014（1）：1－4.

［41］柳金平．现代农业建设与路径研究［D］．中国农业科学院博士学位论文，2013.

［42］侯胜鹏．中部地区现代农业的发展模式及运行机理研究［D］．湖南农业大学博士学位论文，2013.

［43］仇忠启．现代农业园区可持续发展的生态安全评价［D］．南京农业大

学博士学位论文，2013.

[44] 赵之枫. 基于互动理念的现代农业园区规划研究 [J]. 城市规划，2013 (11)：34－38.

[45] 钱克明，彭廷军. 关于现代农业经营主体的调研报告 [J]. 农业经济问题，2013，34 (6)：4－7，110.

[46] 江晶. 国家现代农业示范区运行机制与发展模式研究 [D]. 中国农业科学院博士学位论文，2013.

[47] 矫玉勋. 云计算技术在现代农业中的应用分析及发展策略 [D]. 吉林大学博士学位论文，2013.

[48] 折小园. 现代农业园区规划研究与实践 [D]. 西北农林科技大学博士学位论文，2013.

[49] 钟勉. 关于现代农业产业基地问题研究——来自四川的实践 [J]. 经济学家，2013 (4)：24，25－31.

[50] 朱绪荣，李靖，付海英. 现代农业示范区总体规划理论与实践 [J]. 农业工程学报，2013，29 (6)：223－231.

[51] 米松华. 我国低碳现代农业发展研究 [D]. 浙江大学博士学位论文，2013.

[52] 高春雨，邱建军，尹昌斌. 郑州市都市型现代农业发展水平评价与模式选择 [J]. 中国农业资源与区划，2013，34 (1)：18－23.

[53] 潘启龙，刘合光. 现代农业科技园区竞争力评价指标体系研究 [J]. 地域研究与开发，2013，32 (1)：5－11.

[54] 朱绪荣，邓宛竹，张忠明. 现代农业示范区规划指标体系构建方法研究 [J]. 中国农学通报，2012，28 (35)：107－115.

[55] 田鹏飞. 黑龙江垦区现代农业示范区建设问题研究 [D]. 东北农业大学博士学位论文，2013.

[56] 魏远竹，叶莉，曲伟东，谢帮生，余向群. 试析新一轮林改背景下的福建林业科技供给——基于专家问卷调查的分析 [J]. 林业经济问题，2012，32 (4)：283－289.

[57] 李卫芳. 北京都市型现代农业发展评价及对策研究 [D]. 北京林业大学博士学位论文，2012.

[58] 王晋臣. 典型西南喀斯特地区现代农业发展研究 [D]. 中国农业科学院博士学位论文，2012.

[59] 李平. 现代农业产业技术体系运行绩效及提升策略研究 [D]. 华中农业大学博士学位论文, 2012.

[60] 肖建中. 现代农业与服务业融合发展研究 [D]. 华中农业大学博士学位论文, 2012.

[61] 丁慧媛. 沿海地区小规模兼业农业向适度规模现代农业转化的方向与机制研究 [D]. 中国海洋大学博士学位论文, 2012.

[62] 施晟, 卫龙宝, 伍骏骞. 中国现代农业发展的阶段定位及区域聚类分析 [J]. 经济学家, 2012 (4): 63 - 69.

[63] 吕韬. 中国现代农业社会化服务体系建设研究 [D]. 长江大学博士学位论文, 2012.

[64] 雷玲. 西部地区现代农业发展评价研究 [D]. 西北农林科技大学博士学位论文, 2012.

[65] 郭晓鸣, 廖祖君, 张鸣鸣. 现代农业循环经济发展的基本态势及对策建议 [J]. 农业经济问题, 2011, 35 (12): 10 - 14.

[66] 崔军. 循环经济理论指导下的现代农业规划理论探讨与案例分析[J]. 农业工程学报, 2011, 27 (11): 283 -288.

[67] 柳百萍, 胡文海. 安徽省现代农业发展模式研究 [J]. 农业经济问题, 2011, 32 (10): 16 -20, 110.

[68] 刘喜波, 张雯, 侯立白. 现代农业发展的理论体系综述 [J]. 生态经济, 2011 (8): 98 -102.

[69] 柏振忠. 现代农业视角下的农业科技推广人才需求研究 [D]. 华中农业大学博士学位论文, 2011.

[70] 刘喜波. 区域现代农业发展规划研究 [D]. 沈阳农业大学博士学位论文, 2011.

[71] 张淑慧, 王宗萍. 利用风险投资发展我国现代农业的对策 [J]. 企业经济, 2011, 30 (2): 165 -168.

[72] 冉光和, 王建洪, 王定祥. 我国现代农业生产的碳排放变动趋势研究 [J]. 农业经济问题, 2011, 32 (2): 32 -38, 110 -111.

[73] 管丽娟. 现代农业园区规划设计研究 [D]. 西北农林科技大学博士学位论文, 2010.

[74] 檀学文, 杜志雄. 从可持续食品供应链分析视角看 "后现代农业" [J]. 中国农业大学学报 (社会科学版), 2010, 27 (1): 156 -165.

[75] 龚大鑫. 甘肃省现代农业发展水平研究 [D]. 甘肃农业大学博士学位论文, 2009.

[76] 毕朱, 柳建平. 现代农业的特征及发展途径 [J]. 经济体制改革, 2008 (3): 92 - 96.

[77] 孟秋菊. 现代农业与农业现代化概念辨析 [J]. 农业现代化研究, 2008 (3): 267 - 271.

[78] 高海珠. 西方发达国家现代农业发展研究 [D]. 吉林大学博士学位论文, 2007.

[79] 韦凤琴. 兵团现代农业多功能性开发的思考 [J]. 中国农垦, 2016 (12): 7 - 10.

[80] 王吉亮, 曹肆林等. 新疆兵团棉田残膜污染状况调查研究与治理对策 [C]. 2012 年全国耕地资源保育保耕及农田土壤生态调控若干科学问题研讨会论文集, 2012.

[81] 胡卫华. 陕西现代农业多功能性开发思考 [J]. 农业现代化研究, 2015 (1): 4 - 6.

[82] 郑伟. 对兵团第一师阿拉尔市金银川镇 "团镇合一" 管理体制的建议与思考 [J]. 兵团党校学报, 2012 (1): 7 - 14.

[83] 温雅. 关于石河子市北泉镇小城镇发展现状的调查研究 [N]. 新疆农垦经济, 2012 - 07 - 15 (1).

[84] 卢玉文. 关于兵团团场农业职工身份界定的调研与思考 [J]. 中国集体经济, 2009 (12): 144 - 145.

[85] 曹建飞. 新疆兵团团场管理体制创新研究 [D]. 石河子大学博士学位论文, 2017.

[86] 马冉冉. 新疆兵团 "五位一体" 农业多功能性的制约因素分析 [D]. 石河子大学博士学位论文, 2016.

[87] 韩长赋. 巩固发展农业农村经济好形势 [J]. 中国合作经济, 2012 (12): 13 - 14.

后　记

　　《基于农业多功能理论框架下的兵团现代农业发展方式转变研究》是新疆生产建设兵团社科基金资助项目，2014 年 11 月获批立项（项目编号：14YB05），于 2017 年 12 月形成研究报告并顺利结项。课题研究基于农业多功能理论背景深入研究新疆兵团农业发展方式，客观地说明了兵团现代农业多功能性发展的需要，通过对不同类型的团场进行划分，分析新疆兵团不同类型团场发展多功能农业的实现路径。课题在项目主持人张红丽教授的带领和指导下，经过 3 年多的调查和研究完成，具体的编写分工为：第一章，武甲斐、韩平新；第二章，马卫刚、高磊、胡月；第三章，温宁、王婷、高磊；第四章，张红丽、曹建飞、马冉冉；第五章，马卫刚、韦凤琴；第六章，张红丽、王芳芳；第七章，张红丽、方宾伟；第八章，张朝辉、高磊；第九章，刘芳。最终的统稿工作由马卫刚、张朝辉负责，最终审稿由张红丽教授负责。